tredition®

www.tredition.de

Andrea Laarmann

wurde 1963 in Wuppertal geboren.

Sie lebt in Gladbeck, ist verheiratet und Mutter von vier erwachsenen Kindern, hat einen Enkel.

Wegen voller Erwerbsminderung musste sie am 01.01.2005 in Rente gehen.

Sie arbeitet ehrenamtlich in ihren zwei Selbsthilfegruppen und geht mit Ihrem Hund regelmäßig in ein Seniorenzentrum als Hundevisiteteam.

Es gibt unglaublich viele Menschen die an Ängsten, Depressionen oder Zwängen erkrankt sind. Sie suchen verzweifelt nach Hilfe. Zum großen Teil auch durch die Literatur. Häufig sind es jedoch Erlebnisse einzelner Personen die ihre persönliche Situation und ihre Empfindungen beschreiben. Meist jedoch findet man nur theoretische Informationen die nicht die vielfältigen, tatsächlichen und den Alltag betreffenden Probleme beschreiben.

Mir war wichtig die vielfältigen Facetten in dieser Form Erkrankter in Worte zu fassen. Dabei stellte sich heraus, dass teilweise sehr klare, zeitweise auch harte Beschreibung der Gedanken und Gefühle, durch Wort und Schrift sehr hilfreich ist. Angehörigen einiges erklärt, ihnen dadurch hilft zu verstehen. Die ersten Gedichte las ich wenigen lieben Menschen vor. Nicht nur bei Ihnen und ebenfalls Betroffenen kamen sie sehr gut an. Die Beschreibung der tatsächlichen Emotionen und Einschränkungen, dieses in sich selbst „gefangen“ sein, das Gebirge der Nöte und Sorgen psychisch Kranker sind in diesem Buch zusammen gefasst.

Erkennen Sie sich vielleicht beim Lesen selber wieder? Oder erkennen Sie einen, Ihnen wichtigen, Menschen hierin der eine Erkrankung seiner Psyche nicht erkennen kann oder will? Dann hoffe ich, dass Ihnen mein Werk hilft die derzeitige Situation zu verbessern. Das Gefühl der Einsamkeit und des „verrückt seins“ zu mildern.

Jedoch denken Sie stets daran: nichts kann eine Therapie jemals ersetzen!

Haben Sie erst einmal erkannt das Sie, Verwandte oder Freunde psychische Probleme haben sollten der / die Erkrankte den Weg zum Arzt niemals scheuen. Er ist unerlässlich! Nur dort gibt es die unbedingt erforderliche medizinische Hilfe! Es gibt viele verschiedene Therapien und gute Medikamente die helfen mit den Erkrankungen besser zurechtzukommen. Ein guter Arzt findet, zusammen mit der/dem Patientin/en, den richtigen Weg zur Linderung, im besten Fall der Heilung.

Bedenke stets:

Jeder Tag ist ein Kampf!

Gemeinsamkeit macht stark!

Verloren hat der, der sich dem Leben
nicht stellt!

Der, der nicht mehr kämpft!

Andrea Laarmann

www.tredition.de

Umschlaggestaltung, Illustration: Andrea, Laarmann

Verlag: tredition GmbH, Hamburg
ISBN: 978-3-8495-4976-3
Printed in Germany

Bibliografische Information der Deutschen Nationalbibliothek:
Die Deutsche Nationalbibliothek verzeichnet diese Publikation in der Deutschen Nationalbibliografie; detaillierte bibliografische Daten sind im Internet über http: //dnb.d-nb.de abrufbar.

Gedankenchaos

Manchmal wenn die Angst so groß,
dann denkst du dir warum denn bloß?
Muss es g'rad bei mir so sein,
bin tief in mir so ganz allein.

Ich kann nicht dies ich kann nicht das,
da macht das Leben keinen Spaß.
Am liebsten lieg' im Bett ich drin,
dort kommt Nichts und Niemand hin

Der Haushalt wiegt so groß und schwer,
wo nehm' die Kraft ich dafür her?
Grübeln, zweifeln bin frustriert,
weil einfach nichts darin passiert.

Die Trauer immer öfter siegt,
die kranke Seele Nahrung kriegt.
Ich bleibe liegen mehr und mehr,
keine Bess'rung kommt hierher.

Nun kommt auch noch, der Schmerz fängt an,
frag' mich wie das wohl seien kann.
Bewegung tut mir sicher gut,
doch dafür fehlt mir jeder Mut.

Trauer, Schmerzen oder Angst,
fragst dich, ob du noch irgend Etwas kannst.
Du denkst, du sinnst, was kann da sein,
findest nichts, du bist so klein.

Warum, weshalb, du weißt es nicht,
wer kann helfen, wer gibt Sicht?
Ein kleines Licht auf deinem Weg,
ist dort vielleicht ein kleiner Steg?

Verstehen

Es ist so furchtbar krank zu sein,
keiner versteht 's, bin ganz allein.
Schlimm ist es so zu fühlen,
ist wie ein Kampf gegen mächt'ge Mühlen.

Tag für Tag versuch' ich 's wieder,
doch die Krankheit schlägt mich nieder.
Will doch nur lachen, mich erfreu'n,
nicht immer andere Menschen scheu'n.

So oft muss ich schrecklich weinen,
gibt 's nicht den Schalter, diesen einen?
Den ich drück, all Schlechtes wird gut,
kriege Hoffnung, Freude und auch Lebensmut.

Oh nein, oh nein den gibt es nicht,
und andre geh'n mit mir ins Gericht.
Das gibt es nicht, das kann nicht sein,
stell mich nur an, soll sehen es ein!

Nichts versteh'n sie, oder wollen,
sie mich in Ruhe lassen sollen.
Ratschläge gibt es ohne Ende,
doch diese bringen keine Wende.

Nehmt mich doch wie ich nun bin,
bekommen wir 's gemeinsam hin.
Ein bisschen besser wird 's vielleicht,
dann haben wir schon viel erreicht.

Bin nicht mehr die die ich mal war,
ist schwer für euch, versteh' das klar.
Auch ich will nichts so wie es ist,
alles traurig und so trist.

Oft wünschte ich ich wäre tot,
hätte nicht mehr diese Not.
Es wären weg, die Angst und Pein,
könnte endlich ruhig sein.

Doch gibt 's noch Liebe, die würden weinen,
wär'n mit sich selbst nicht mehr im reinen.
Ihr Gewissen würd' sie ganz arg plagen,
wieso hab' ich es nur nicht mit getragen?

Dann kämen sie selbst in aller größte Not,
fühlten sich schuldig an des andren Tod.
Würden daran selbst erkranken,
mich schaudert 's nur bei dem Gedanken.

Das darf nicht sein, das darf nicht kommen,
hätt' große Schuld auf mich genommen.
Darum kämpf' ich immer weiter,
bleib traurig, müde, niemals heiter.

Doch bitte ich versucht, versteht 's,
werde tun mein Bestes stets.
Vielleicht wird 's besser Stück für Stück,
ich wieder näher zu euch rück.

Warum

Warum nur hab' ich nur dieses Los?
Die Angst, die Trauer riesig groß!
Warum ich nicht wie Andre bin?
Ergibt für mich nicht einen Sinn.

Warum war ich als Kind schon schwach?
Als einz'ges unter 'm Elterndach.
Warum war'n alle Kinder heiter?
Und ich? Ich wusste oft nicht weiter.

Warum find' ich all die Menschen ideal?
Hass mich, bin mir total egal.
Warum find' ich mich so scheußlich?
So eklig und auch furchtbar gräuslich!

Warum nur starrt mich jeder an?
Ist mein Denken noch real?
Warum nur fall' ich immer auf?
Oder achte ich zu sehr darauf?

Warum kann ich bei Allen Gutes seh'n?
Ich weiß es nicht, kann 's nicht versteh'n.
Warum gibt 's das denn nicht für mich?
Es irgendwann aus meinem Leben wich.

Warum musst ich so viel ertragen?
Werd' ich mich zudem immer fragen.
Warum kann ich nicht einfach leben?
Einfach so mit nehmen und mit geben.

Warum, warum ich weiß es nicht.
Es gibt für mich nur eine Pflicht.
Ich muss kämpfen Jahr für Jahr.
Bess'rung wird vielleicht mal wahr.

Beginn

Weiß nicht wirklich wie es begann,
auch nicht richtig wo und wann,
erst recht nicht ob ich es lösen kann.

Schon als Baby ich nicht lachte,
sicher damals noch nicht dachte,
doch Fremde nur mit greinen betrachte.

Als Kind war es schon schwer mit mir,
war voll von Neid und auch von Gier,
gab es etwas schrie ich hier.

Ich brüllte und ich weinte,
weil ich immer meinte,
mein' Wunsch ein Jeder nur verneinte.

Woher das kam, ich weiß es nicht,
aber klar ist dies aus Andrer Sicht,
war ein nettes Kind ich sicher nicht.

Lob und Nettes gab es nie,
bei meinem Benehmen irgendwie,
wäre es auch Utopie.

Ich selbst, ich lernte irgendwann,
freundlich sein doch auch gut kann,
war die freundliche Frohe immer dann.

Doch ´ganz tief in mir drinnen,
konnt′ ich der Traurigkeit nicht entrinnen,
die Krankheit konnte nur gewinnen.

So leb' ich nun, so ist es jetzt,
bin selbst darüber sehr entsetzt!

Suche

Es ist wirklich schrecklich schwer,
möchte manchmal einfach geh'n,
wo soll ich hin, wo soll ich her,
kann wieder keine Hilfe seh'n.

Wo ist nur jemand der mir helfen will,
der weiß wo meine Kraft mal lag,
such' nach ihm ganz heimlich, still,
ob ich ihn find' an einem Tag?

Ach wär' das schön, ach wär' das toll,
einen der mich nimmt wie ich nun bin,
jemand finden mit Kraft so voll,
mich führt zum richt'gen Wege hin.

Es gibt Menschen wunderbar,
die wohl verstehen wie es ist,
akzeptieren, hören, wie es war,
was abnehmen von dem ganzen Mist.

Helfen können sie mir trotzdem nicht,
weil ganz tief in mir da drinnen,
ist ein kleiner Bösewicht,
ich kann ihm nicht entrinnen.

Bin ein echter armer Tropf,
Gedanken rasen hin und her,
in meinem übervollen Kopf,
ich will das alles gar nicht mehr.

So gern' will ich entspannen,
einfach liegen und auch ruh'n,
unter schönen grünen Tannen,
hätt' nichts mehr mit der Angst zu tun.

Habe aber immer Frust,
weine, grüble und bin traurig,
gibt für mich gar keine Lust,
das Dasein ist so schaurig.

In der Theorie da kann ich 's gut,
in der Praxis aber schlecht,
weiß wo ich finde Lebensmut,
doch darauf hab ich gar kein Recht.

Ich bin's nicht wert,
sei hier gesagt,
egal was mir so wird erklärt,
hab' in meinem Leben nur versagt.

Den Armen, die mich lieben,
möcht' ihr Leben nicht erschweren,
treff sie ungewollt mit Worten, Hieben,
kann sie nicht angemessen ehren.

Ich will das nicht,
es kommt und geht,
verdunkelt meine ganze Sicht,
versteh' wer nicht mehr zu mir steht.

Was mach ich hier, was tu ich nur,
ich soll doch Positives denken,
handle gegen meinen Schwur,
kann Gedanken gar nicht lenken.

Allein

Wie kann man nur so einsam sein,
von allen fühlt man sich verlassen,
ob zu zweit oder echt allein,
man kann es gar nicht fassen.

Es ist so schwer das zu erklären,
allein auf großer weiter Flur,
als ob alle Menschen gar nicht wären,
wie kommt es dazu nur?

Irgend Jemand hat fast jeder,
Freundschaft und die Liebe auch,
doch fühlt man ′s leicht wie eine Feder,
vergeht so schnell wie Schall und Rauch.

Es wird erzählt, es wird gesagt,
das Ohr nimmt alles richtig auf,
Gefühl jedoch wird ganz versagt,
kommt nur zum Wissen oben drauf.

Das Herz sehnt sich so sehr nach Nähe,
das Inn're schreit ganz arg danach,
wenn man nur einen Ausweg sähe,
doch er fließt weg gleich wie ein Bach.

Wie mögen es Gesunde fühlen,
eine besonders große Macht,
sie müssen nicht nach Eintracht wühlen,
haben sie bei Tag und Nacht.

Ach könnt' ich fühlen so wie sie,
fühlt' ich mich gar nicht einsam,
möcht 's gern machen so wie die,
die Lösung niemals zu mir kam.

Schlaf

Das Schlafen fällt mir furchtbar schwer,
kommt oft mit Träumen schwer daher,
finde keine Ruhe.

Ich bin müde leg mich hin,
macht nicht wirklich einen Sinn,
schlimme Gedanken mich bewegen.

Mit lesen lenke ich mich ab,
keinen Erfolg ich damit hab'
ich werde immer wacher.

Liege wieder da und denk',
oh bitte schlafen mir nun schenk,
gib mir Stille lass mich ruh'n.

Doch leider ist es wie so oft,
hab' wie zuvor umsonst gehofft,
weitere Stunden zieh'n vorbei.

Steh noch mal auf und laufe -rum,
das jedoch ist ziemlich dumm,
dabei schlaf ich sicher nicht.

Also, wieder in das Bett hinein,
ich kann nicht mehr, ich muss jetzt wein',
werde mal was schreiben.

Müde sind die Augen und so schwer,
ach Schlaf nun komm schon endlich her,
sie brennen wie der Teufel.

Ich werde wach, ich schlief nun doch,
mehr davon ich brauche noch,
als diese eine kurze Stunde.

Schlafe jetzt tatsächlich ein,
bin so am Ende, musste sein,
ein Albtraum ist schon wieder da.

Ach käm' doch schnell 'ne gute Fee,
nimmt mir weg mein Ach und Weh,
doch leider kenn ich keine.

Der Wecker schellt jetzt ist es Tag,
fühle mich als ob ich gar nicht lag,
so geht es immer weiter.

Verlassen

Verlassen schmerzt mich gar so sehr,
als wenn mein Herz entzündet wär'.
Hilfe schreit es tief in mir,
was soll ich machen jetzt und hier?

Ich halte es nicht aus,
wo lass' ich diesen Druck nur raus?
Immer wieder ist's passiert,
mich schaudert's und mich friert.

Mein Vater hat mich schon verlassen,
seinen Tod, den konnte ich nicht fassen.
Eine Freundin ohne Grund,
ließ mich allein, mein Herz ward wund.

Verlassen werden gehört zum Leben,
ich kann die Freiheit sehr schlecht geben.
Selbst bei den Kindern ist es so,
darüber bin ich gar nicht froh.

Der erste Freund wie war ich glücklich,
die Trennung einfach nur ganz schrecklich.
Auch ich verließ schon mal einen Mann,
ihm ging 's besser, ich hier sagen kann.

Lag es vielleicht an dem Geschlecht,
oder war seine Liebe gar nicht echt?
Egal was war, es ist vorbei,
reißt mir nicht mehr das Herz entzwei.

Freundschaft hab' ich eine tolle,
möcht' nie mehr in die verlassenen Rolle.
Ich bin einfach eine Treue,
hab nun eine so wie ich, darüber ich mich freue.

Abhängig

Wann immer ich muss los,
die Angst ist wieder riesig groß.
Alleine schaffe ich es nie,
habe butterweiche Knie.

Ich überlege fieberhaft,
hab 's früher leicht geschafft.
Meine Selbstständigkeit die ist dahin,
ich immer wieder abhängig bin.

Mal Mann, mal Kind, mal die Freundin,
ohne die bekomm ich gar nichts hin.
Ob Geschäft oder eine Feier,
ist immer nur die selbe Leier.

Die Angst die ist nun immer da,
wächst und wächst, ich weiß es ja.
Ich will das nicht, es muss doch geh'n,
dieses will ich gerne einmal seh'n.

Wie oft hab ich versucht,
mit Handy und auch Kuscheltuch.
Sind mein persönlich' sich'res Netz,
was stört mich andrer Leut' Geschwätz.

In der Therapie ich lernte,
mit Bauchatmung ich Erfolge ernte.
Muss die Angst nur halten aus,
geht sie von ganz alleine raus.

Der Kopf der denkt sofort,
ist doch gar kein schlechter Ort.
Soviel zu dieser Theorie,
die Praxis bringt es leider nie.

Nehme eine bunte Tablette,
hilft nicht wirklich, jede Wette.
Immerhin Angst ins Erträgliche sinkt,
komm nicht weiter, was mir stinkt.

Mit einer Begleitung dann dabei,
ich nicht vor Panik hilflos schrei.
Doch Wohlgefühl sieht anders aus,
immerhin ich komm' hinaus.

Dann noch raus mit meinem guten Hunde,
ich geh alleine nur eine halbe Stunde.
Aber immer in der Nähe bleiben,
sonst die Ängste mich nach Hause treiben.

Autonom ich gerne wieder wär',
freuen würde mich das sehr.
Bin gefangen in mir selber,
der Beigeschmack wird immer herber.

Depressionen fördert das,
darum ich mir gerne helfen lass.
Ohne meine lieben Begleiter,
ging für mich das Leben nicht mehr weiter.

Es gäbe keinen Sinn in diesem Leben.
Ich kämpfe und ich hoffe!

Entschuldige

Die Schuldige ich immer war,
entschuldigen musste ich mich immer,
begleitet mich so viele Jahr'.

Egal was kommt ich trag' die Schuld,
selbst dann, wenn es nicht nötig ist,
für mich da braucht man viel Geduld.

Huste, räuspre, niese ich,
die Entschuldigung folgt sofort,
sag es ohne denken, sicherlich.

Kullern aus den Augen Tränen,
sogleich es kommt: „entschuldige bitte“,
muss ich wohl hier nicht mehr erwähnen.

Macht ein Redner eine Pause,
denk' er ist am Ende und rede,
Entschuldigung und schnell nach Hause.

Es brummelt mal mein Bauch,
verzeiht es tut mir leid,
da sage ich das eben auch.

Und wehe wenn ich Was verschütte,
bitte sei nicht böse,
bin nicht gut genug für deine Hütte.

Ich finde nichts, wo ich's nicht tu,
Entschuldigung muss stetig sein,
das gebe ich hier ehrlich zu.

Unsinnig und blöd sie meistens ist,
nur sinnig wenn es nötig,
doch tu ich 's nicht mich gleich auffrisst.

Niemals entschuldigen ist dumm,
bricht keiner sich 'nen Zacken raus,
der rechte Zeitpunkt sollt 's sein, d'rum.

Ich darf Fehler machen,
hab' das Recht auf mein Bedürfnis,
kann ich gequält nur lachen.

Körperpflege

Ungeheuer schwer,
kommt diese für mich daher.
Jeden Tag ist es das Gleiche,
vor dem Bade erst mal weiche.

Natürlich wasche ich mich immer,
in uns'rem Badezimmer.
Doch bis es ist soweit,
vergeht unglaublich viele Zeit.

Selbst die Körperpflege nämlich,
ein großer Akt für mich, wie dämlich.
Könnte schnell in die Dusche mal,
doch was wenn ich auf die Fliesen knall?

Oder eben in die Wanne rein,
komme vielleicht nicht raus, oh nein!
Sind schon zwei Stunden vergangen,
die Körperpflege nicht mal angefangen.

Die Haare, die sind auch noch dran,
ob ich mich überhaupt heut bücken kann?
Was soll ich machen, was soll ich nun,
muss das endlich wieder tun.

Seife nehm' ich und zwei Lappen,
das wird sicher klappen.
Lege schnell dann damit los,
damit ich fertig werde bloß.

So jetzt bin ich endlich rein,
soll ja auch so sein.
Fühl' mich trotz des Wohlgeruchs,
stinkend wie ein alter Fuchs.

Hier kann man's sehen wieder klar,
selbst dies' Normale ein Kraftakt war.
Müde bin ich nun schon wieder,
lege mich auf 's Sofa nieder.

Telefon

Das Telefon ist eigentlich gut,
doch manchmal fordert 's von mir großen Mut,
Plötzlich schellt es gar so laut,
in mir sich schlechtes Denken gleich aufbaut.

Was passierte, was geschah?
Die Angst davor ist schrecklich nah.
Mal schnell auf das Display schau,
wer ist es, Mann, Kind oder Frau?

Kenn' ich die Nummer oder nicht
gespannt, wer jetzt gleich zu mir spricht.
Schellte jetzt schon vier fünf mal,
muss dran gehen, hab keine Wahl.

Diesen Anschluss kenne ich nicht,
ob Schlechtes wohl auf mich einbricht?
Ich nehme ab und melde mich,
der Anrufer identifiziert nun selber sich.

Verstand es nicht, wie äußerst peinlich,
muss gleich weinen, so fühl' ich mich.
Nehm' mich also sehr zusammen,
könnt das Ding wieder mal verdammen.

Rufe ich selber Einen an,
hoff' ich oft: komm geh nicht dran.
Brauch nicht sprechen oder reden,
aber eigentlich will ich's doch mit Jenem.

Eins der Kinder ist am anderen Ende,
erzähle bloß nicht endlose Bände.
Obwohl ich froh über deinen Anruf bin,
kriege ich es heut nicht hin.

Oder meldet sich die Mutter?
Ist bei ihr denn alles in Butter?
Der Arzt, der kann es auch mal sein,
ist nichts Tragisches, oh bitte nein.

Das Telefon ein Monster mir scheint,
habe oftmals danach recht viel geweint.
Doch manche Zeit gut find ich es,
kann locker sein und gar manchmal kess.

Auf keinen Fall will ich es missen,
denn schließlich gibt es mir das Wissen,
ich Hilfe holen damit kann,
egal von wem und auch noch wann.

Ende

So sehr wünsche ich mein Ende,
Leben lohnt nicht kommt keine Wende.
Ich denke oft wie ich es mache,
doch das ist dann eine heikle Sache.

Viele Ideen ich dafür habe,
neue wenn im Internet ich grabe.
Ich habe keine Angst davor,
aber einen Eid ich schwor.

Damals ich ganz unten war,
wurd' es meinen Lieben klar,
wenn es mir mal schlechter geht,
der Tod in meinem Kopfe weht.

Versprechen musste ich sodann,
sofort rede mit meinem lieben Mann.
Niemals Blödsinn mache,
mich selber überwache.

Ein jeder ist ein schlimmer Tag,
ich das möglichst gut ertrag'.
Narben meine Arme zieren,
werde es nicht noch einmal probieren.

Trotzdem ist die Sehnsucht groß,
komm davon überhaupt nicht los.
Solange ich nicht stets alleine bin,
kriege ich es scheinbar hin.

Wenn ich's ertrage lang und still,
Jeder schafft es der es will.
Hilfe nutzen soll man jede,
kommt man nicht ab vom rechten Wege.

Die Todessehnsucht, eig'nes Ende,
würde bringen mir erhoffte Wende.
Endlich einfach Ruhe haben,
nie mehr nach Lösungswegen graben.

Vertrauen

Vertrauen ich fast gar nicht kann,
zu oft enttäuscht mich hat man.
Untreue gab es gar nicht selten,
gingen unter immer Welten.

Das Schlimme ist warum das war,
es war mir niemals wirklich klar.
Hatte ich doch nichts Böses gemacht,
nicht im Traum hab ich daran gedacht.

Vertrauen muss man sich verdienen,
kommt nicht nur durch gute Minen.
Es muss langsam wachsen,
niemals darüber flachsen.

Den Eltern vertrauen können,
sei jedem Kind zu gönnen.
Leider ist dies nicht immer so,
werden sie im Leben niemals richtig froh.

Vertrauen das ist gut man sagt,
wenn man nicht ständig hinterfragt.
Kontrolle solle besser sein,
ist Verhalten oft nur Schein.

Wenn dem so ist, dann ist es wahr,
hatte eine Maske Jahr für Jahr.
Nein, ich möchte endlich tief vertrauen,
nicht stetig nach dem Schlechten schauen.

Es gibt wenige denen ich so sehr vertraue,
zur Sicherung weder prüf' noch schaue.
Die Angst ist leider trotzdem da,
Enttäuschung liegt so furchtbar nah.

Niemals

Niemals wollte ich so leben,
Habe immer gern gegeben.
So viele nutzten dieses aus,
kam aus manchem mit Blessuren raus.

Niemals hätte ich gedacht,
wie schwer einem vieles wird gemacht.
Was haben sie davon mir Steine in den Weg zu legen,
ich konnte gar nichts halten dagegen.

Niemals erwartete ich Unmögliches,
Alles „normal“ und Fröhliches.
Stand mit beiden Beinen im Leben wie man sagt,
war dennoch grausam oft verzagt.

Niemals wäre eingefallen mir,
dass es schwer wird so wie jetzt und hier.
Weiß häufig nicht mehr weiter,
bin extrem traurig, niemals heiter.

Niemals habe ich gedacht,
Erlebtes all das Schwere weiter schwerer macht.
Sind so viele Wunden in mir drin,
darum auch sehr empfindlich bin.

Wenig traute ich mir zu,
lieber Papa machtest Fehler auch du.
„Alleine nicht in die Fremde bist nicht Jede,
so was macht ein Mädchen nicht, das gibt Gerede.

Niemals habe ich gedacht,
dass eins der Kinder so Gemeines macht.
Nach bestem Wissen hab ich sie erzogen,
warum nur hat es alle angelogen?

Niemals war mir richtig klar,
dass es Sorgen gibt immerdar.
Hoffte stets auf gute Zeiten,
gibt 's für mich nicht in dieser Welt der weiten.

Niemals glaubte ich daran,
ich werde haben einen tollen Mann.
Der ohne Kommentar jegliches für mich tut,
mir wenigstens gibt ein wenig Mut.

Niemals ward von mir wieder gehofft,
dazu gab's Verletzungen viel zu oft.
Denke nie das gut es wird,
kommt es doch bin ich verwirrt.

Niemals werde ich mehr anders denken,
kann mein Empfinden unerwartet ins Gute lenken.
Weil dann Frust gar schnell vergeht,
mich dafür nicht mehr unten seht.

Niemals kann mich wer überzeugen,
mich gutem Denken wieder beugen.
Schwarz sehe ich lieber nur für mich,
respektiere wenn es andersrum besser ist für dich.

Chaos

Ein einziges Chaos in meinem Denken,
kann es oft nicht lenken.
Versuch zu konzentrieren mich auf eines,
doch wirklich halten kann ich keines.
Möchte viele Dinge schaffen,
es klappt nichts, mach mich zum Affen.

Irgendwas das ich begann,
nicht zu Ende bringen kann.
Chaos ist natürlich auch im Haus
finde nicht Beginn da raus.
Müsste dringend Ordnung machen,
einräumen und sortieren viele Sachen.

Nichts krieg' ich auf die Reihe, ja,
zum Glück ist immer wieder Hilfe da.
Würde einfach untergehen,
So aber wird dieses nicht geschehen.
Das Chaos aber in mir drin,
ich nie dagegen je gewinn'.

Versuchen kann ich wie ich will,
ob ich ′s aussprech oder still.
Sehe vor mir einen Weg ganz klar,
das ist wirklich, ehrlich wahr.
Kann ihn dennoch nicht begehen,
ist wie vor verschlossener Türe stehen.

Weiß ich doch dahinter ist es leicht,
die Sperre aber gar nicht weicht.
Sonnenstrahlen kann ich manches mal erkennen,
jedoch nicht zu ihnen rennen.
Wie schön wäre es da drinnen,
wollte dort nie mehr entrinnen.

Das Chaos würd sich langsam lösen,
hätte nicht mehr Gedanken, diese bösen.
Wenn, wieso und aber,
ist eben stets das gleiche Gelaber.
Die Hoffnung niemals sterben soll,
habe gar keine, ach wie toll.

Oh so gerne wäre ich normal,
immer hätte eine eigne Wahl.
Könnte gehen Schritt für Schritt,
kein bisschen weiter ich mehr litt.
So sehr in meinem Chaos gefangen bin,
überlege, grüble her und hin.

Wo soll ich nur beginnen,
um diesem Fluche zu entrinnen.
Denn ein Fluch das muss es sein,
sonst gibt es keine Erklärung, wahrlich nein.
Habe diesen nur für mich erdacht,
vielleicht kommt ein Ende, ich bin erwacht.

Raus aus diesem Chaos, das ich hab!

Ahnen

Die Meisten, die krank sind wie ich,
können sich verstellen, königlich.
Kaum Jemand kann erahnen,
wie anders mein Leben ist in seinen Bahnen.

Das Helfersyndrom ist ganz stark vorhanden,
darum wird die Krankheit noch weniger verstanden.
Zunächst ahnt Niemand irgendwas,
dann sag' ich öfter ab, was ist denn das?

Ich verheimliche noch heute solang es geht,
bis die Problematik im Vordergrund steht.
Nur mit Feingefühl die Menschen ahnen,
um Antworten für das Warum anmahnen.

Bei fast jeder Erklärung die ich gebe,
schlicht ungläubige Blicke erlebe.
Was, du? Das kann gar nicht sein!
Du bist stark, ist sicher nicht nur Schein.

Kann man ahnen was folgt nun,
kannst Du etwa für mich nichts mehr tun?
Spätestens jetzt ist meine Grenze erreicht,
Ahnung und Angst mich gleich beschleicht

Aha, nun ist es wieder mal soweit,
werd' fallen gelassen wie brennender Scheit.
Dann kommt das Verstehen,
bin nicht mehr stark, kann nun gehen.

Schlimm ist auch die eigene Ahnung,
so eine schreckliche Bestrafung.
Bevor was passiert, da merke ich schon,
da ist was im Anmarsch, weiß nicht wovon.

Werde unruhig, richtig nervös,
es ist nichts Echtes und das das ist ganz bös.
Fühle mich ganz schlecht,
sogar krank ganz regelrecht.

Was kommt denn nun, was ist passiert,
bin ordentlich desorientiert.
Kommt ein Anruf oder ist ′s in der Post,
laufe Trampelpfade von West nach Ost.

Könnte eine E-Mail sein,
weiß doch nichts, doch bereits wein.
Manches Mal nur Stunden in dieser Lage,
öfter dauert es einige Tage.

Dann wird es wahr es kommt,
eine schlechte Nachricht prompt.
Mein Ahnen mich nicht ein einziges mal trog,
nie was Gutes mir zuflog.

Vorahnungen egal wie irreal,
machen mich fertig jedes Mal.
Der Gedanke nur Gutes ist,
logischerweise besser als böses Vorahnen ist.

Weniger Stress und Unruhe wäre,
erst wenn Was da ist dieses kläre.
Das ist mein Wunsch von dem ich träume,
aber das sind bekanntlich nahezu nur Schäume.

Unwissen

Ich kenne keinen Grund allein,
der für mein Schicksal soll bestimmend sein.
Ich weiß nicht mal, wie es geschah,
war eines Tages einfach da.

Ich erkenne nicht, warum bei mir,
nicht bei Geschwistern oder dir.
Ich verstehe nicht das ich es verdiene,
zurecht kommen auf dieser üblen Schiene.

Ich frage mich, weil ich 's nicht schnall',
wieso hört es nicht auf mit einem Knall?
Ich kapiere nicht wie kann ich das lindern,
viel besser scheint so was zu gehen bei Kindern.

Ich möchte erklärt haben warum dies so ist,
vielleicht weil Erwachsener dem zu viel Achtung beimisst?
Ich überlege, ob es als Kind in mir war,
hätte frühe Hilfe gebannt die Gefahr?

Ich zweifle indes ob sich was ändern soll,
ist das was ich fände wirklich toll?
Ich zermartere mein Hirn, was für Sorgen dann wären,
das kann ich ebenfalls nicht klären.

Ich denke ohne Unterlass,
wie ohne Boden das berühmte Fass.
Kann nicht mal sagen, warum ich dies schrieb,
nur weiß es war ein innerer Trieb.

Real

Was ist wirklich, was real,
mir darf es niemals sein egal.
Was stimmt weiß ich sehr oft nicht mehr,
geht mit großer Unsicherheit einher.
Habe Probleme zu entscheiden,
bin ich empfindlich, will mir wer was neiden.

Nehme ganz viel Falsches wahr,
gibt unnötigen Stress, echt wunderbar.
Ein Satz bei dem andere Menschen lachen,
kann mir arge Kopfschmerzen machen.
Wie war denn das nun nur gemeint,
mir verletzlich es erscheint.

Die Anderen freu'n sich und haben Spaß,
mir wird übel, ich werde blass.
War sicherlich doch ich das Ziel,
welch ein richtig gemeines Spiel.
Werde gefragt, warum ich nicht lache,
mir verschlägt es wieder meine Sprache.

War ich etwa doch nicht der Grund,
grinse schief, verzieht sich mein Mund.
Lachen sieht ganz anders aus,
möchte einfach nur hier raus.
Was real dann wirklich ist,
weiß ich nicht, verflixter Mist.

Sage nur, ich müsse wirklich gehen,
werden uns das nächste Mal sehen.
Wie war denn alles das gemeint,
bei mir geht ′s los es wird geweint.
Sicher war ich in ihrem Visier,
nein, sie holten mich doch von alleine her, hier.

Dann denk ich hin und denke her,
was wenn 's wie immer nur mein Seelchen wär.
Bin empfindlich und ungerecht,
denke immer wieder schlecht.
Bis ich überlegte lange genug,
ist er längst abgefahren der fröhliche Zug.

Ob ich will oder auch nicht,
gehe mit Menschen zu hart ins Gericht.

Versagen

Ich möchte oft verzagen,
denke bei mir gibt 's nur versagen.
Egal was ich je machte,
alles irgendwann auseinander krachte.

Wollte zum Gymnasium gehen,
musste als Friseurin im Laden stehen.
Nach der zehnten Klasse,
die Schule nämlich verlasse.

Heiraten wollt' ich wie meine Eltern früh,
gab mir allergrößte Müh'.
Es klappte auch ich fand es toll,
wollte Kinder, wie ein Stall so voll.

Bei Zweien ist es dann geblieben,
wurde vom Mann fast in den Wahnsinn getrieben.
Er war wie zwei Personen nur in einer,
mein Selbstbewusstsein wurde immer kleiner.

Ich war schuld egal was war,
irgendwann hielt ich es dann für wahr.
Immer schlechter fühlt' ich mich,
ging mir alles gegen den Strich.

Ändern wollt' gerne ich das,
doch wo die Kinder ich dann denn lass.
Müsste den ganzen Tag zur Arbeit,
doch ist niemand zum Beaufsichtigen bereit.

Also kam es wie es kommen musste,
alles jammern, zagen mir nichts nutzte.
Als Prellbock für die Kinder war ich da,
wenn ich die Launen dieses Typen kommen sah.

Jedes Problem, ich lernte, ist zu lösen,
Aber nicht bei einem Mann, so bösen.
Ich wollt' es ändern gar so sehr,
doch wie? Das beantworten war so schwer.

Keiner nahm mich an die Hand,
ich helfe dir zerreiß das Band.
Das dich so sehr gefangen hält,
denn jedes irgendwann zerfällt.

Musste meine Kinder schützen,
alles tun um sie zu stützen.
Also hielt ich lange aus,
viel zu lange stellte sich später raus.

Wurde belogen, betrogen hintergangen,
war trotzdem ganz fest gefangen.
Wollte etwas Geld mir sparen,
warten bis die Jungen größer waren.

Doch eines konnte ich früh sagen,
kam da rein durch mein Versagen.
Irgendwann war 's doch soweit,
fand eine Wohnung und Arbeit.

Sobald es ging zog ich dann fort,
wie ich dacht' an einen ruhigen Ort.
Allein mit meinen Kindern,
das Unheil kam, seh 's noch wie auf Bildern.

Hatte durch die Arbeit wenig Zeit,
machte sich das Unglück breit.
Verlor die Kinder immer mehr,
kam mit großem Grauen daher.

Also, wieder da versagt,
die Schuld an mir bis heute nagt.
Wir verstehen uns gut bis heute,
doch sind sie selber kranke Leute.

Scheinbar alles falsch gemacht,
tat nur das Beste habe ich gedacht.
Gibt es gar nichts mehr zu reden,
machte Fehler auf meinen Lebenswegen.

Schmerz

Der Schmerz der quält mich ja so sehr,
oft denke ich, ich kann nicht mehr.
Nehme viele starke Tabletten,
die mich über den Tag hinweg retten.

Nachts da werd ich laufend wach,
Schmerz mich doch so schlaflos macht.
Zur Ruhe komm ich nie,
Wie sollte das auch gehen, wie?

Rücken, Knie und der Kopf,
mit Medizin mich stets vollstopf.
Die Muskel tun auch ständig weh,
schmerzen wo ich geh und steh.

Meine Schulter sehr lädiert,
wozu wurde diese operiert?
Alles mögliche schon gemacht,
doch Linderung hat das nicht gebracht.

Der ewige Schmerz der kostet Kraft,
wenig von mir wird geschafft.
Freude habe ich an nichts,
nicht verwunderlich, der Schmerzen angesichts.

Wer leidet so an steter Pein,
fällt fix in Depressionen rein.
Sieht kein Ende aus dem Tal der Schmerzen,
vergeht auch noch das letzte Scherzen.

Kinder

Kinder waren einst mein größtes Lebensziel,
Entscheidung vor der Hochzeit fiel.
Als Teeny Babysitter war,
konnt' sie gut versorgen klar.

Schnell wurde wahr mein Traum,
es wuchs fix der Lebensbaum.
Sie wuchsen heran so furchtbar schnell,
man bedenke je aus einer einzigen Zell.

Mit Leib und Seele Mutter bin,
das ist für mich der Lebenssinn.
Trotzdem ist's nicht immer leicht,
ihr Lebensweg von meinem weicht.

Was sie auch heute noch so treiben,
könnte ohne Ende schreiben.
And're Mütter kennen dieses auch,
als ob man Stress zum Leben braucht

Ihre Erziehung auch Probleme machte,
manches mal es bei uns krachte.
Manchmal hätt' ich sie gern geschüttelt,
damit sie wach gerüttelt.

Ihr eigenes Leben sie nun leben,
darf auf Anfrage sogar Tipps noch geben.
Machen letztlich was sie wollen,
denken, lass sie doch reden, meine Ollen.

Das ist niemals bös' gemeint,
auch wenn es hier gerade so scheint.
Bei erwachsn'en Kindern größte Sorgen,
grüble ich oft bis zum Morgen.

Gehen sollen sie alleine,
auch wenn man denkt, sind sie noch kleine.
So dumm sie treffen manch' Entscheidung,
siehst es ist nur Mist und Dung.

Sie müssen selbst erfahren,
wie blöde diese waren.
Lernen können sie nur dann,
wie man Positives machen kann.

Die Liebe zu den Kids ist ganz besonders,
gibt sie nicht noch mal wo anders.
Ihr Bestes man immer will,
daher bleibt man auch mal lieber still.

Verpasst

Ich lernte jedes Problem man lösen kann,
was völlig anderes erlebte dann.
Dieses bedeutete mein Versagen,
lebe stets in Schuld, kann' s kaum ertragen.

Wollte einen anderen Beruf erlernen,
der Weg dahin lag für mich wie in den Sternen.
Elternhilfe gab es nicht,
ging nicht an mein Verstehenslicht.

Sagten geh woanders hin,
ja ich mach das, artig bin.
Traute mich nicht zum Arbeitsamt zu gehen,
musste also im ungewollten Beruf stehen.

Heute weiß ich was ich verpasste da,
das Amt war doch wirklich nah.
Dort hätte Hilfe ich bekommen,
nein, zu große Angst, hab den anderen genommen.

Ich habe den Zeitpunkt schlecht gewählt,
ging aus meiner schlimmsten Zeit zu spät.
Wusste nicht wie ich es machen soll,
viel zu große Angst, allein und sorgenvoll.

Viel zu lange ich diese Hölle still ertrug,
das war dumm, so gar nicht klug.
Hoffte sehr das es mal besser wird,
wie sehr hab' ich mich darin geirrt.

Habe einfach nur verpasst,
zu rennen als ich hat 's erfasst.
Man tut nicht dies, man tut nicht das,
Probleme lös' ich schließlich, oder was?

Im Leben hätte ich viel weiter kommen können,
doch mir persönlich konnte ich Nichts gönnen.
Mögliches hab ich ungenutzt vergehen lassen,
kann mich dafür heute nur noch hassen.

Nichts beginnen, still sein und verpassen,
war ich dämlich, kann das selbst nicht fassen.
Bin so hilflos, habe keine Waffen,
werde das sicher niemals schaffen.

Diese verflixten und verpassten Sachen,
mein Selbstbewusstsein ist nur noch zum Lachen.
So viel verlor ich dadurch im Leben,
keine Kraft mehr noch zu Besserem zu streben.

Hass

Erschreckend seien kann mein Hass,
werde bei großer Wut reichlich blass.
Immer ruhiger ich reagiere,
ist wie das Scharren wütender Stiere.
Dann Vorsicht ist geboten!

Friedfertig bin ich von zu Hause aus,
gehe bei unangenehmen Situationen lieber raus.
Aber wenn der Stress ausreicht,
mir besser aus dem Wege weicht.
Das kann gefährlich werden!

Es kommt nicht zu Handgreiflichkeit,
dazu bin ich denn doch zu gescheit.
Doch ist mein Hass nur groß genug,
taktiere ich hier äußerst klug.
Die Abrechnung, die wird schmerzen!

Menschen die mich sehr gut kennen,
mich ganz ungläubig böse nennen.
Wenn jemand heftigen Streit heraufbeschwor,
kommt seltene, stärkste Kraft aus mir hervor.
Froh ist der den es nicht trifft!

Eigentlich will ich aber nicht hassen,
sondern alle machen lassen.
Hass ist ein Empfinden ganz real,
weg ist nur, wer mir ist absolut egal.
Ist kein einziges Gefühl mehr wert!

Das Wenigste das ist nun mal Nichts,
dieser Wahrheit angesichts.
Ein Nichts ist ein Niemand,
und egal wie diese weiße Wand.
Der ist lebendig tot!

Hoffnung

Ich möchte gerne Hoffnung haben,
habe sie zu tief in mir vergraben.
Doch woher sollte sie kommen,
wurde mir total genommen.

Will hoffen, dass es mir mal besser geht,
mein Erfahrenes dabei im Wege steht.
Statt dessen werde ich es nicht wagen,
Brauche ich später nicht zu klagen.

Menschen gerne hoffen,
habe so viele Enttäuschte getroffen.
Dazu gehören muss ich nicht,
schau der Realität in das Gesicht.

Hoffnung machen und schön sich reden,
lasse ich dennoch jeden.
Teile mein Zweifel ihm nicht mit,
wäre für den Anderen wie ein Tritt.

Eines dabei unverrückbar ist,
glücklicher du mit Hoffen bist.
Siehst einfach alles heller,
verarbeitest Schlimmes schneller.

Sage mir wo kommt Hoffnung her?
Ich sehe sie schließlich gar nicht mehr.
Für mich steht fest ich hab' sie verloren,
schwarzes Sehen für mich erkoren.

Dies ist mein Sicherheitspanzer,
ein starker, unendlich fester Ganzer.
Wider besseren Wissens bleibe ich dabei,
für mich ist Leben besser hoffnungsfrei.

Sensibel

Sensibel bin ich unnatürlich,
verzweifele schnell, bin so empfindlich.
Freundlich mir wer seine Meinung sagt,
fühle mich angegriffen, bin verzagt.

Dabei muss es nicht mal um mich selber gehen,
bei Meinung über die Familie, schon Angriff sehen.
Höre Sachen in den Zwischenzeilen,
ist erschreckend für den Sprecher bisweilen.

Weiß nicht was er gemacht haben soll,
ich reagierte wieder über, ach wie toll.
Gestehe ich bin ein Sensibelchen,
manche lieber nie mehr mit mir sprechen.

Oh, das wollte ich natürlich nicht,
Hilfe, bin doch einfach töricht.
Habe immer einen Tagesplan,
wehe es kommt Unerwartetes dann.

Bin mal wieder aufgelöst,
kranke Seele das auslöst.
Häufig ohne Grund denke ich,
alle Welt ist immer gegen mich.

Schaut mich jemand länger an,
meine seinen Widerwillen erkennen kann.
Ab und an mag es so sein,
jedoch niemals ständig, sicher nein.

Komm ich heim, mein Partner geht raus,
sensibel fühle wegen mir aus dem Haus.
Logisch finde ich das nämlich sehr,
weil ich mich selbst ertragen kann kaum mehr.

Wenn er dann wieder zu Hause ist,
frag ich ihn aus sobald er sitzt.
Voller Angst und Panik denke,
bitte, mir halbwegs wieder Ruhe schenke.

Jemand, der sich wie ich immer angegriffen fühlt,
im Geist immer nach passender Erklärung wühlt.
Eine findet sich immer,
je mehr ich suche desto schlimmer.

Auch das hasse ich ganz stark bei mir,
möchte es können, wie ich es erkläre dir.
Doch der Verstand und das Wollen,
kommen gegen die sensiblen Gedanken nicht an, diese ollen.

Trist

Mein jetziges Leben ist wahrlich trist,
hoffe, bete, dass bloß jeder Tag wie der andere ist.
Verändern soll sich ja nichts mehr,
sonst wird alles doppelt schwer.

Gibt Dinge die ich machen muss,
bringen mir immer schlimmsten Verdruss.
Früher ging dies gut von der Hand,
heute starre ich erst mal lang an die Wand.

Blumen konnten mich mal erfreuen,
im Frühjahr Knospen, die neuen.
Inzwischen sehe ich es kaum noch mehr,
kommt lediglich ein kurzes registrieren daher.

Nichts, was ich sehen kann ist positiv und helle,
Völlig egal, was ich dafür anstelle.
Alles so trist, grau und dunkel,
selbst bei klarer Sicht Sterne für mich nicht funkel'.

Freude schon schrecklich lange weg,
all Gutes nur einfach so weg steck'.
Sagt man mir ich sei wichtig,
nehme ich es an, fühle mich dennoch nichtig.

Schön gesagt und nett gemeint,
im Gefühl dennoch niemals erscheint.
Trist ist alles, was ich spüre,
Glück mir selbst dadurch abschnüre.

Darum arbeite ich trotzdem jeden Tag daran,
damit ich irgendwann wieder spüren kann.
Sehen, hören, Gefühl blüht auf,
vom Tristen ein Weg führt oben hinauf.

Auch wenn zur Zeit jeder einzelne Tag ist trist,
nur, dass ihr es wisst.
Werde täglich alles machen,
um aus meinem Albtraum auf zu wachen.

Höre ich auf so habe ich verloren,
bin fast um sonst geboren.
Werde wirklich kämpfen immer,
sonst wird es nämlich immer schlimmer!

Unbewusst

Unbewusst steh ich mir selbst im Weg,
was mögen, nicht machen ist der sich're Beleg.
Rede hier von Kleinigkeiten,
die ich mir selber könnte doch bereiten.

Ständig kommt der Gedanke auf prompt,
nicht für mich, nicht wichtig und nicht in Frage kommt.
Hier dann jedes Mal die Wunschgedanken enden,
muss mich Wichtigerem zuwenden.

Eine Einladung ist in der Post dabei,
wie soll ich das kriegen auf die Reih'?
Sage am Besten gleich mal ab,
ist mir angeblich zeitlich viel zu knapp.

Bei mir ist scheinbar ein Schalter eingebaut,
sobald es mich betrifft, auf Stop draufhaut.
Im Nachhinein weiß ich wieder nur,
hatte keinen Sinn, nicht eine Spur.

Lernte von je her gern zu geben,
müsste mir Gutes tun, schwer ist mein Leben.
An sich selbst denken war verpönt,
nur Andere sind wichtig, in mir noch weiter dröhnt.

Verhaltensregel an der Wertschätzung festgemacht,
der, der dich benutzt sich eins ins Fäustchen lacht.
Wertschätzung muss ich mir schließlich verdienen,
mache häufig zu bösen Spielen gute Minen.

Der Verstand sagt mir das ist gemein,
sage endlich einmal nein!
Ach weh, das tu ich besser nicht,
sonst niemand wieder freundlich zu mir spricht.

Gebe ich anderen Menschen nur genug,
schätzen mich diese, nennen mich gut und klug.
Das ist doch sowieso gelogen,
im stillen denke ich, wenn diese mich loben.

Möchte gerne Gutes annehmen und fühlen,
andere Gefühle das zerreiben, wie Korn von Mühlen.
Jedes Schlechte indes kommt stetig an,
mein negatives Denken nähren kann.

Unnütz

Empfinde mich als unnütz schon ewig,
kann nicht viel bin oft untätig.
Durch Krankheiten geschwächt,
find' ich einfach ungerecht.
Sich unnütz fühlen gehört zu Depressionen,
damit zu hadern wird sich niemals lohnen.

Denn dadurch ändert sich am Zustand nichts,
der ständig vorhandenen Müdigkeit angesichts.
Arbeitsfaul und unnütz denke,
obwohl ich doch stets andren mein Bestes schenke.
Vom Verstand her weiß ich schon,
solche Gedanken bringen keinen Lohn.

Trotzdem fühle ich mich weiter unnütz,
Wissen mich lediglich vor aufgeben schützt.
Nutze jede Hilfe die ich bekommen kann,
arbeite damit für Bess'rung irgendwann.
Medikamente, Selbsthilfe und Therapie,
ohne sie würde gar nichts mehr gehen, niemals, nie.

Mehr als nichts machen, ist für mich viel,
egal wie wenig oder wie oft ich auch fiel.
Dieser gelernte Satz erklärt sehr gut,
für mich was tun und nie verlieren den Mut.
Schon aus dem Bett aufstehen am Morgen,
kann in schlechten Phasen für bess'res handeln sorgen.

Ich bin mir bewusst Gesunde meinen dann,
das ja wohl jeder Mensch machen kann.
So ist es aber dennoch nicht,
denn mein Zustand für 's liegen bleiben spricht.
Allemal ist auch das mehr,
als meinem Zwang des Liegens unterwerfe zu sehr.

Natürlich liegt einiges im Argen bei mir,
Änderung will ich am liebsten jetzt und hier.
Lässt sich indes von mir noch nicht machen,
gibt einfach zu verändern zu viele Sachen.
Unnütz fühlen und unnütz sein,
niemals stimmt wirklich überein.

Selbstverständlich weiß ich es genau,
dass ich mich zu kritisch beschau'.
Es gibt schließlich Dinge die schaffe ich,
dennoch niemals lobe mich.
Früher war ich schließlich sehr agil,
mit Hoffnung da wieder landen gar nicht mehr spiel.

Selbstschutz

Selbstschutz hilft zu überleben,
gibt Kraft nicht auf zu geben.
Auch in meiner Katastrophenzeit,
brachte sie mich bis ich war bereit.
Neue Wege schlug ich ein,
ohne Selbstschutz nie geschafft, wie ich mein.

Häufig hörte ich, ich würde zu viel essen,
hab' dadurch irgendwann heimlich Süßes gefressen.
Schützen vor Spott wegen meines Essverhaltens musst ich mich,
so wusste es Keiner, denn heimlich in mein Zimmer schlich.
Hielt mich zurück, wenn wir aßen gemeinsam,
das natürlich niemand wahr nahm.

Um Frieden zu haben gab ich oft nach,
denn alles besser als öffentliche Schmach.
Ob als Kind, Teenager oder Frau,
war schließlich die dumme fette Sau.
Schützte mich selbst durch dieses Tun,
die Rechnung davon habe ich nun.

Die Kehrseite der Medaille ist,
sich selbst man ganz und gar vergisst.
Was immer auch geschah,
kam nicht an mich ran zu nah.
Mein Selbstschutz sorgte gut dafür,
bis ich durchging durch die Wahrheitstür.

Erst entdeckte ich leichte Schwaden,
die konnten mir zum Glück nicht schaden.
Doch wurde es ganz bald schlimmer,
möchte dieses erleben nimmer.
Kam in tiefen schwarzen Rauch hinein,
wusste nicht, wie kann das sein.

Erfolgreich hatte ich verdrängt,
der schwarze Rauch gleich Seelenpein da hängt.
Stürzte auf mich wie ein Hammer,
die Hände meiner Helfer fest umklammer'.
Sollen mich jetzt nur nicht fallen lassen,
will mich mit ihnen stellen, Erinnerung, der krassen.

War und ist das Beste was ich je tat,
Vergangenheit keine Bärenkräfte mehr hat.
Langsam löst der Rauch sich auf,
auch wenn ich noch ganz lange lauf.
Mein Selbstschutz ist inzwischen fast normal,
brauch nicht mehr verdrängen alle eigene Qual.

Lebenslang

Ich fürchte Angst, Panik und auch Zwang,
hat man tatsächlich sein ganzes Leben lang?
Die Stärke der Symptome mögen unterschiedlich sein,
an Beschwerdefreiheit glaub' ich nicht mehr, nein.

Eine ältere Dame die ich kenne,
die ich bis heute mein Vorbild nenne,
hat schon seit über sechzig Jahren,
dieses Unheil am eig'nen Leib erfahren.

Sie lernte Strategien damit zu leben,
das ist nun auch mein Bestreben.
Sie riet mir ich solle jeden Tag nehmen, so wie er ist,
egal ob gut, mittelmäßig oder Mist.

Ich versuchte sogleich es umzusetzen,
fühlte mich jedoch gefangen in tausend Netzen.
Gab nicht auf versuchte es mit Verstand,
doch lange keine Lösung für mich fand.

Nach gefühlter endloser Zeit, ganz unerwartet,
dieses Hinnehmen plötzlich startet.
Dann bald immer öfter kam,
mir sehr viel inneren Druck abnahm.

Inzwischen bin ich nun soweit,
stetig besser wurde mit der Zeit,
Kann endlich akzeptieren einen miesen Tag,
weiß nicht wie es kam, doch ich es gerne mag.

Quäle mich dadurch weniger mit weshalb und warum,
lernte ein jeder geht irgendwie um.
Besser ist all Belastendes damit zu tragen,
erkläre, es kommt wieder anders, auf Fragen.

Gut geht es mir wahrlich nicht,
kann es anders hinnehmen als vor der neuen Sicht.
Daher rate ich Jedermann,
versuch es mal, schließlich nicht schaden kann.

Die Krankheit ist mein Lebensbegleiter,
doch akzeptieren bringt mich weiter.
Schone die Kraft die ich noch habe,
seit ich nicht mehr täglich nach Lösungen grabe.

Erschlagen

Fühle mich oft wie erschlagen,
weil ich muss soviel ertragen.
Körper und Seele machen immer wieder schlapp,
dieses sicher nicht zu knapp.

Ewig werde ich mich fragen,
wieso muss gerade ich diese Krankheiten in mir tragen?
Eine Antwort dafür gibt es nicht,
trotzdem der Gedanke immer weiter sticht.

Werde ich es wohl eines Tages wagen,
wirklich all Verstecktes in mir zu beklagen?
Glaube nicht, dass ich es je kann,
schäme mich sogar vor meinem lieben Mann.

Vielleicht gehe ich unter werde eines Tages erschlagen,
nach viel zu vielen schweren Tagen.
Gebe ganz und gar dann auf,
nehme selbst den eig'nen Tod in Kauf.

Werde ich völlig verzagen,
ständig schlimmer Schmerz in meinem Magen,
Schulter, Rücken, Beine und die Knie,
alles was ich habe ist heilbar nie.

Zweifel ohne Unterlass mich plagen,
kann so Vieles einfach nicht sagen.
Sollte es einfach nur nehmen hin,
jedoch keine die abschalten kann bin.

Will einfach nicht mehr sein, so erschlagen,
habe keine Lust mehr zu klagen.
Darum kämpfe ich immer weiter daran,
damit ich mich noch im Spiegel ansehen kann.

Sinn

Was ist der Sinn des Lebens?
Danach suche ich schon ewig vergebens.
Kannst du mir das mal sagen?

Ist der Sinn die Arbeit?
Dann ist vorbei schon meine Zeit.
Was meinst du dazu?

Oder zu bekommen ein Kind?
Das ist doch groß geschwind.
Warum ist dann nicht jedem eins vergönnt?

Kann der Sinn im Glauben stecken?
Konnte ihn noch nicht entdecken.
Sieht es bei dir anders aus?

Das Leben selbst soll der Sinn sein?
Geht gar nicht wie ich mein.
Kannst du dem zustimmen?

Für manche ist der Sinn die Gemeinsamkeit?
Bei mir geht dieses nicht soweit.
Würdest du sagen das ist möglich?

Ist der Sinn Gutes tun?
Würde ich nicht kapieren, ich dummes Huhn.
Oder sagst du mir ich soll ändern meine Sicht.

Ist der Sinn die Vorbereitung für das nächste Leben?
Bitte nicht, bei mir soll es das bloß nicht geben.
Findest du die Vorstellung gut?

Ich finde den Sinn für mich persönlich nicht,
selbst nicht durch dieses geschriebene Gedicht.
Lasse ich das Grübeln jetzt einfach sein?

Wer einen Sinn in seinem Leben gefunden,
gehört bestimmt zu den Gesunden.
Wie steht es da bei Dir?

Falsch machen

Stets habe ich die Angst was falsch zu machen,
bilde mir ein die tollsten Sachen.
Flöhe husten hören kann ich unglaublich gut,
dieses selbstverständlich nichts Gutes in mir tut.
Was wäre wenn?

Ist bei mir nahestehender Mensch ungewöhnlich still,
ich unbedingt den Grund dafür wissen will.
Durch üben lernte ich nicht zu sehr zu bohren,
warte voll Angst ob schlimme Worte drohen
Was wäre wenn?

Meine Sensibilität ist ja reichlich ausgeprägt,
was zur fürchterlichen Angst viel beiträgt.
Das die Furcht vor falsch Gemachten schürt,
warum kann ich kein Mensch sein der weniger spürt?
Was wäre wenn?

Ungewollt auch ab und an verletze,
mich danach unter größten Druck versetze.
Fehler machen dürfen sonst Alle,
ich jedoch in keinem Falle!
Was wäre wenn?

Möchte Dinge einfach nicht sagen,
könnte folgende Reaktion kaum ertragen.
Weiß doch nicht, was sie anschließend denken,
von da an mir vielleicht nur Verachtung schenken!
Was wäre wenn?

Fehler können und dürfen sich ergeben,
sie sind ein Teil eines Jeden Leben'.
Auch ich möchte dieses akzeptieren können,
mir damit mehr innere Ruhe gönnen.
Was wäre wenn?

Schulterzucken

In der Therapie lernte ich in manchen Dingen,
einfach Schulterzucken bei denen die nur so gingen.
Regten mich vorher lange auf,
nehme sie nun als gegeben in Kauf.

Schulterzucken heißt akzeptieren,
nicht And're ändern wollen, respektieren.
Ändern kann und will ich Mitmenschen nie,
wüsste ja auch gar nicht wie.

Wie viel Kraft verbrauchte ich,
in der Hoffnung mein Gegenüber verstehe mich.
Schulterzucken erntete ich nach erklären,
einfach hinnehmen, viel weniger zerstörte Nerven das wären.

Ich beanspruche das Recht zu sagen was ich meine,
jedem anderen gönne ich auch seine.
Kritik mag ich nicht, kann dennoch damit leben,
werde als Antwort nicht nur Schulterzucken geben.

Kann dadurch lernen Manches noch,
macht aus einen Teil des Lebens doch.
Gibt aber welche die erwarten von anderen und mir,
perfekt zu sein in dieser Tugend, dieser Zier.

Mache bei Gutem nur einen Fehler,
ist der der wiegt am größten auf meinem Zähler.
Bei Nachfrage ob es schlimm war, was, wie, aber nein.. ,
werfen diese Antwort einfach so hinein.

Später jedoch wird er mir vorgeworfen und benannt,
reagiere zumeist mit wachem Verstand.
Erst mich belügen, mir keine Ehrlichkeit zollen,
aber im Nachhinein Reue von mir wollen.

Sicher gibt es diese von mir nicht,
das Vertrauenspflänzchen gleich zerbricht.
So also ist dieser Mensch, ich kann nicht umhin,
ein Schulterzucken, weil im Recht ich bin!

Maske

Habe eine extrem gute Maske, eine glatte,
genug Zeit zum Aufbau dafür hatte.
Sie ist mit mein wertvollster Besitz,
dahinter ich als Verletzliche sitz'.
Die brauch ich um mein Schicksal zu tragen,
nicht antworten auf neugierige Fragen.

Wer mich nicht kennt,
mich als glücklich und stark benennt.
Ha, wenn die wüssten,
alles komplett revidieren müssten.
Es wissen von mir auch manche etwas,
doch niemand wie in Wahrheit so krass.

Es gibt eine besondere Freundin und meinen Mann,
mit denen ich über alles sprechen kann.
Sämtliches konnte ich bisher nicht mal ihnen erzählen,
weiß nicht welche Worte sollte ich wählen.
Dabei spielt eine wichtige Rolle die Scham,
zu reden, diese überschreiten noch nicht kam.

So oft werde ich entgeistert betrachtet,
Gesagtes als unmöglich erachtet.
Verstellen so massiv,
keiner kann sich das vorstellen, definitiv.
Hinter die Maske jemand schaut genau irgendwann,
so höre ich, weil niemand ewig schauspielern kann.

Da täuscht sich der, der so denkt gewaltig,
gründlich und nachhaltig.
So stark ist meine Maske die ich trag,
selbst manches kaum noch erkennen mag.
Unheimlich tief in mir vergraben,
nur die Möglichkeit es seltenst zu beklagen.

Möge bitte niemand mehr sagen,
ich könnte nichts Schlimmes unterschlagen.
Das Wissen es zu können eben doch,
ist schließlich Etwas zu können noch.
Selbst wenn es nur ist Verschweigen,
nenn' ich dieses als Gutes mein eigen.

Steuern

Kann mein Verhalten oft nicht steuern,
muss positiv Erlerntes stets erneuern.
Habe einen Termin beim Amt,
hasse ich ohne Ende, verdammt.

Schon Tage vorher renn' ich herum,
denke, wenn, was, wie, unglaublich dumm.
Nehme mir fest vor, ruhig zu bleiben,
bin da fang' an in Angst zu treiben.

Da ist es aus mit der Ruhe bei mir,
Gedanken kommen, nur weg von hier.
Dann kommt das Erwachen, ich wollte noch sagen.... ,
mein eigenes Fehlverhalten kommt zum tragen.

Steuern muss ich meine Wut,
kann das aber nicht so gut.
Meist bin ich wütend nur auf mich.
logisches Denkvermögen lässt mich im Stich.

Zu spüren bekommt 's, der Nächste, der kommt dann,
wird angemault für Dinge für die er nichts kann.
Er ist geduldig, legt seine Hand auf meine Schulter drauf,
schüttel' ich ab, regt mich meine Unfähigkeit auf.

Falsch reagiert, so gemein,
besseres steuern meines Tuns muss sein.
Ich wollte das nicht, entschuldige mich,
werde weiter an mir arbeiten, das verspreche ich.

Auch bei meinen Gefühlen kaum Steuerung habe,
meinen Verstand dafür einsetze, ist eine Gabe.
Soweit es geht drücke ich mein Empfinden zurück,
all zu Grausames dadurch von mir wegdrück'.

Möchte wie andere mein Leben steuern und bestimmen,
kann dadurch sicher Gelassenheit gewinnen!

Klein

So oft war ich alleine hier,
hatte keine Angst vor dir.
Kam Furcht weil ich war so oft allein,
lief einsam durch Straßen, noch so klein.

Niemals konnte ich dich finden,
lief durch Straßen, unter Linden.
Alles war so riesig groß und breit,
konnte laufen noch soweit.

Dadurch hab' ich große Sorgen,
quäle mich einen jeden Morgen.
Kann weder durch die Straßen gehen,
noch Weite oder Plätze sehen.

Bekomme Angst, nein Panik ist 's gleich,
erstarre, dann werden die Kniee weich.
Ich muss am ganzen Körper zittern,
wie Tiere, die Gefahren wittern.

Und meine Schwester war ganz übermächtig,
fühlte mich bei ihr winzig und nichtig.
Doch inzwischen habe ich gelernt,
ein Stück mich von ihr entfernt.

Mach mich stark und hole Luft,
wenn sie nach mir ruft.
Ich rede sicher, plötzlich stark,
fährt ihr sogleich durch Bein und Mark.

Bin nicht mehr der kleine Wurm,
aushalte jeden Zornessturm.
Was ich schaffe nun bei Ihr,
wird helfen gegen Angst in mir.

Lernte nie das man umarmen kann,
gelingt bis heute fast nur beim Mann.
Nähe gab es nicht, wurde erlogen,
sie wurde systhematisch entzogen.

Liebe Menschen möchten mich drücken,
doch ich muss immer wieder weit entrücken.
Wie gerne möchte ich 's fühlen können,
sie mir zum Glück viel Zeit zu lernen gönnen.

Eines schönen Tages ist es hoffentlich so weit,
bin zur Annahme von Nähe besser bereit.
So schön ist diese Vorstellung für mich,
dass ich daran täglich arbeite außerordentlich.

Berühren

Berühren darf mich nur der, dem ich es erlaube,
das sollte klar sein wie ich glaube.
Doch manchem ist das ganz egal

Wer mich versucht zu zwingen dazu,
bekommt eine Ohrfeige im nu.
Er überschreitet meine Grenze.

Als Kind wurde ich berührt von wem,
nutzte meine Hilflosigkeit aus, für sich bequem.
Machte mich damit kaputt.

Wusste nicht wie mir geschah,
war mir plötzlich viel zu nah.
Ich dachte, ich müsst' sterben.

Wieder viel zu nah bei mir,
was passiert mit mir denn hier?
Lass mich doch bitte nur in Ruhe.

Ich hatte so sehr vertraut, genau diesem,
so einem gemeinen, miesen.
Vertrauen in Menschen ging mir verloren.

Aus Angst geschwiegen mein Leben lang,
verspürte zu reden manchmal einen inneren Drang.
Schämte mich zu sehr.

Wem sollte ich von Berührung was sagen,
hatte keinen und fürchtete Nachfragen.
Die Eltern hier ungewollt und unschuldig versagten.

Ich schob es weg,
war schließlich voller Dreck.
Waschen half mir dabei nicht.

Wollte daran eigentlich nie wieder denken,
diesen Versuch hätte ich mir können schenken.
Kam immer wieder hoch.

Durch das Berühren ganz unsicher war,
merkte ich Jahr für Jahr.
Versteckte es wahrlich gut vor allen andren.

Ich wurde älter, kam zurecht,
bei erstem Partner Gefühle gar nicht echt.
Hat er nie erfahren.

Ungewolltes berühren Entwicklung gekostet,
nie wie erwünscht ausgetestet.
Heute weiß ich was ich verlor.

Dann kam mein Mann, unglaublich lieb er war,
mein Empfinden wichtiger als seines, für ihn ganz klar.
Dadurch den Verlust von damals erst erkannte.

Heute ziemlich krank ich bin,
wie ich es will krieg ich nichts hin.
Das ist nun eben Schicksal.

Nehmt euch also gut in acht,
dass ihr nichts Falsches bei mir macht!
Besonders beim Berühren.

Meine Grenze ist ganz deutlich zu sehen,
braucht doch wohl Keiner drüber gehen.
Nie wieder lasse ich das zu.
Unmenschlich sind die, die so etwas taten oder tun!

Terror

Viele Jahre erlebte ich psychischen Terror,
dadurch Gefühl und Selbstwert verlor.
Ich nämlich angeblich alles falsch machte,
immer, selbst im Schlaf noch wachte.
Wusste doch nie was als nächstes kommt.

Vollkommen mich selbst vergaß,
der Kerl war das entscheidende Maß.
Stets bemüht für Frieden zu sorgen,
nachts herbei gesehnt den Morgen.
Denn Schlafentzug war ein Teil des Terrors

Stark aber für meine Kinder war,
musste sie schützen, ist wohl klar.
Ich hielt den Psychoterror für sie aus,
war möglichst bei ihnen, wenn sie waren zu Haus.
Ein Prellbock musst' ich für sie sein.

Nach außen schien dennoch alles normal,
mich durch den Lebensabschnitt einfach irgendwie stahl.
Beschimpfung, Beleidigung, Betrug
und so Vieles mehr dabei ertrug.
So gerne hätte ich mich daraus befreit!

Sein Wunschessen, zu kalt, zu heiß, ein Fraß. ,
war stinkend faul, wenn ich mal saß.
Terror war natürlich auch im Urlaub dabei,
ob ich mich erholte war einerlei.
Hauptsache, der Herr bekam seinen Willen!

Freundlich, nett hilfsbereit sei, gab er bei anderen vor,
mich als Blitzableiter, wenn ihm was nicht passte erkor.
Ich war eben alles Schuld,
dieser Terror kostete gar meine Geduld.
Wer begegnet solcher Person, soll rennen so weit und schnell er kann!

Verborgen

Psychische Krankheiten sind meist verborgen,
darum niemals für Verständnis bei anderen sorgen.
Wer sich mal brach Arm oder Bein,
kann dagegen des Mitleides sicher sein.
Die kann man fast beneiden.

Natürlich manchen sieht man die seelische Krankheit an,
benehmen sich anders, werden gemieden dann.
Krebs ist auch meist nicht sichtbar,
doch bekannt so schlimm, das jeder versteht, na klar.
Eine völlig andere Reaktion auch dort daher folgt.

Kann man gar die Behinderung sehen,
viele übertrieben hilfreich, beschämt vorüber gehen.
Ein Hörgeschädigter bittet lauter zu reden,
folgt laute weiter undeutliche Wiederholung von jedem.
Unsensibel und dumm sind solche Menschen.

Verborgenes Leid kann man vortrefflich verstecken,
nur Wenige dies von alleine entdecken.
Anonym bleibt Betroffener bis zum gewissen Grad,
doch das durchaus auch Nachteile hat.
Man schweigt und versteckt es gut.

Verwandte schämen sich für den Kranken,
Geschichten Fremder um diesen ranken.
Was man nicht kennt das gibt es nicht,
also einfach mal nur Blödsinn ausspricht.
Oberflächlicher geht es kaum.

Viele haben allzu oft größte Nöte verborgen,
jeden kann eine psychische Krankheit treffen bei großen Sorgen.
Darum sollte man niemals voreilig und leichtfertig richten,
kann einen labilen Menschen ganz und gar vernichten.
Mach mit keinem was du für dich selbst nicht willst.

Zwang

Der Zwang hat dich ganz fest im Griff,
kannst dich gar nicht aus ihm lösen.

Der Zwang ist eine große Kraft,
der Kopf und Körper müde macht.

Der Zwang er hält dich so fest umklammert,
schaffst es nicht daraus zu gehen.

Der Zwang, er kennt kein Ende,
man sollte Andrer Rat verstehn'.

Der Zwang der treibt dich ohne Unterlass,
lass′ sein, versuch dem Rat zu folgen.

Der Zwang erscheint stets Schritt für Schritt,
drum kann ′s daraus nur so auch gehen.

Der Zwang wenn er dich nicht mehr hält,
bleibt trotzdem noch bestehen.

Der Zwang kann immer wieder kommen,
deshalb pass` gut auf, sei auf der Hut.

Der Zwang in neuer Form sich meldet,
du weißt wie 's geht halt ihn in Schach.

Überleben

Manchmal geht es um pures Überleben,
in sehr problematischen Phasen,
nach ultimativer Lösung streben.

Viele sagen lapidar, man solle sich zusammen nehmen,
wird schon wieder all Schlechtes besser und gut,
suchen für sich den leichtesten Weg, den bequemen.

Wird sicher nicht so schlimm,
denken niemand macht ernst, der über seinen Selbsttod erzählt,
Aussagen werden einfach als Blödsinn bestimmt.

Wohl wahr, dass oft nicht folgt der angesagte Tod,
doch leichtfertig übergehen ist ganz falsch,
Menschen schreien nach Hilfe in tiefster Not.

Leider wird das Vorhaben manchmal doch in die Tat umgesetzt,
dann kommt das schlechte Gewissen,
Zurückgebliebene sind entsetzt.

Selten ist auch folgendes nicht,
vorher vom Tod niemals die Rede ist,
der Kranke verschweigt sein Vorhaben mit Absicht.

Meist sind sie vorher wie versteinert,
reden kaum, verharmlosen ihre Krankheit und Probleme,
fällt dem auf der sich zurück erinnert.

Außerdem gibt es die, die durch ihr Schicksal sind verbittert,
sind nach außen scheinbar böse und gemein,
dort sind sie unbewusst hineingeschlittert.

Irgendwann sind diese dann tatsächlich allein,
wissen es wird sie kein Mensch vermissen,
sterben einsam, nach längerer Zeit gefunden, das darf nie sein.

Darum haltet eure Augen offen,
seht die Warnzeichen früh genug,
danken euch die, die selbst sind betroffen.

Rache

Süß finde ich nicht die Rache,
dadurch Menschen Kummer mache.
Einmal ist es mir passiert,
hab' ordentlich kassiert.

Rache kann so sehr verletzen,
möchte Niemand diesem aussetzen.
Sie ist eigentlich nur dumm,
machen Leute ohne Mumm.

Hat Einer Böses mir getan,
rege ein Gespräch ich an.
Dann frag' ich einfach kurz warum,
was lief denn bitte hier nun krumm.

Würde niemals absichtlich verletzen,
sollen wir uns vielleicht mal setzen?
Die, die wirklich Starke sind,
bocken nie, so wie ein Kind.

Steh'n zu dem was sie da taten,
muss man gar nicht raten.
Hab ich verletzt ohne zu wollen,
lass mich doch nicht überrollen.

Was Erklärung braucht erkläre ich,
beim Gegenüber entschuldige ich mich.
Kommt dann von Ihm es tut mir leid,
Bin ich zum Verzeih'n gern bereit.

Sollte es mal nicht so sein,
klär' ich es mit mir allein.
Wünsche einzig Allen das Gute,
halte einfach meine Schnute.

Therapie

Therapien gibt ´s wie Sand am Meer,
auch Neue kommen oft daher.

Einmal geht ´s um das Verhalten,
du sollst doch sinnvoll walten.

Das nächste mal die Konsequenz es ist,
soll dein Gelerntes halten fest.

Vielleicht ist es die Gruppenstunde,
mit Austausch in einer kleinen Runde.

Konfrontation das nächste heißt,
besonders schwer, wie du es weißt.

Einzelgespräche ganz wichtig sind,
vielleicht begann das Leid bei dir als Kind.

Sehr anstrengend ist jede Therapie,
man kann nichts brechen über ´s Knie.

Die Tagesklinik gibt es auch,
manch Kranker braucht sie aber auch.

Die Kur und noch das Krankenhaus,
da kommst du aus dem Alltag raus.

Medizin die gibt es oft,
jeder dadurch auf Gutes hofft.

Was du machst ist gar nicht wichtig,
das du machst nur das ist richtig.

Freundschaft

Eine Freundschaft ist sehr kostbar,
die echte wird nur selten wahr.
Es ist wichtig sie zu pflegen,
gibt viele die sie neiden, Steine in die Wege legen.

Sie wollen gar nicht wissen,
ihr Verhalten ist beschissen.
Setzen einfach alles dran,
dass die Freundschaft enden kann.

Darum ist es äußerst wichtig,
das die Pflege ist nie nichtig.
Ist da was das arg bedrückt,
schnell ins helle Licht hinrückt.

Immer ehrlich das ist Pflicht,
damit die Freundschaft nicht zerbricht.
Will man reden über Sorgen,
nicht verschieben bis zum Morgen.

Nur wenn beide einig sind,
kein Schaden durch den stärksten Wind.
Melden sollte oftmals sein,
dies kann mündlich oder schriftlich sein.

Nimm soviel Zeit, wie es nur geht,
das Leben doch so schnell verweht.
Zweifel sollten nie bleiben offen,
denn sonst ist die Seele schnell betroffen.

Unsicherheit folgt sogleich,
Ängste machen jetzt ganz weich.
Worte die nicht bös' gemeint,
doch bitterlich der Eine weint.

Der Andere weiß nicht was geschah,
das Weinen er nicht kommen sah.
Nun plagt es, das Gewissen,
Freundschaftsbänder nun gerissen?

Jetzt kommt auch hier die Angst dazu,
reden klappt nicht huch, nanu.
Ein Gespräch wird nimmer leichter,
die Sicherheit wird immer seichter.

Womöglich ist es bald soweit,

das war es mit der Freundes Zeit.

Liebe

Liebe ist ein großes Wort,
benutz' es niemals hier und dort.
Gebührt nur wenigen Menschen.

Ich mag dich gern, ich hab dich lieb,
auch nicht einfach Jedem gib.
Wer es dann hört ist sehr erfreut.

Ist wer nett und freundlich,
sag' es einfach, es macht glücklich.
Unverfänglich, wunderbar.

Viel Liebe steckt im Herzen,
vermeide darin Schmerzen.
Lass nur den dort rein, der es verdient.

Schmerzen kann die Liebe sehr,
mit schwerem Leid kommt sie daher.
Durch verlassen, Kummer, Tod.

Man denkt das ist das End' der Welt,
das manchmal auch sehr lang anhält.
Doch eines Tages wird es besser.

Irgendwann, man denkt nicht dran,
kommt die Liebe wieder dann.
Bringt das Gute und das Schöne.

Der Weg ist lang, bis man dort ist,
die alte Liebe nie vergisst.
So ist der Lauf der Zeit.

Bauch

Oft zeigt uns der Magen,
wenn wir zu viel Schweres tragen.
Zeigt uns wo die Grenze liegt,
Schmerzen dann darin man kriegt.

Nervöses Leiden nennt man es,
zeugt von vielem schlechten Stress.
Jedoch es ist keine Kleinigkeit,
schnell kann 's schlimmer werden, gar so weit.

Vielleicht bilden sich Geschwüre,
ins Krankenhaus man führe.
Viele können nicht mehr essen,
kann man mit der Waage messen.

Meist wird 's zum Glück nicht so arg schlimm,
doch niemals als normal es nimm.
Ziept und zwackt, es tut recht weh,
auf jeden Fall zum Arzt hingeh'.

Nicht selten ist Brechen mit dabei,
das ist so fies, oh nein, oh wei.
Bilden sich ganz viele Gase,
man will weg schnell wie ein Hase.

Das ist peinlich, stinkt so sehr,
jeder wünscht zum Verschwinden ein Loch sich her.
Es ist uns so gegeben,
gehört einfach mit zum Leben.

Normal ist's und auch menschlich,
man schämt sich trotzdem schrecklich.
Würgen manchmal kommt hier auch,
es ist gereizt nun mal der Bauch.

Des öfteren auch Durchfall kommt,
man will wohin, da kommt er prompt.
Oder man kann gar nicht machen,
tut weh und ist nicht zum lachen.

Darum tut Gutes eurem Magen immer,
wird so nicht immer schlimmer.
Zum Schluss kann ich nur sagen,
psychisch Kranke oft darüber klagen.

Symptome

Symptome gibt es unglaublich viel,
die Bess'rung ist das erklärte Ziel.
Man kann sie kaum alle zählen,
werde einige hier nur wählen.

Müde, antriebslos' und die Empfindsamkeit,
nehmen jegliche Lust, weit und breit.
Pure Angst und Panik die Begleiter sind,
bist ruhelos wie die Fahn' im Wind.

Mutlos, unfähig und verzweifelt bist,
das kann dir geben deinen Rest.
Ziehst dich von allem ganz weit weg,
hockst stets in deinem sich'ren Eck.

Du selbst dich hasst, so gar nicht magst,
du sowieso gar nichts mehr wagst.
Müsstest vieles ändern, weißt nicht wie,
ein einzelner Weg der ist es nie.

Mit einem Problem gehst du in den Kampf,
lässt ab den Frust und auch den Dampf.
Bei Vielen beginnt dann das Sinnen,
wo sollst denn du bitte schön beginnen.

Das Zittern das ist auch echt klasse,
kannst nicht mal halten eine Tasse.
Das Herz das schmerzt und Atemnot,
erst recht nicht essen so ein Brot.

Das Ordnen hält dich unendlich fest,
musst immer wieder machen ob 's richtig, ein Test.
Es schmerzen alle Glieder,
doch du, du machst es immer wieder.

Nur ein paar Symptome hier beschrieb,
bitte seid zu uns einfach nur lieb.
Das ist schwer für Gesunde, versucht zu versteh'n,
solltet die komischen Eigenarten bei uns überseh'n.

Sie quälen uns was wir auch tun,
würden 's verändern wenn wir' s könnten nun.
Leider ist uns dieses nicht gegeben,
könnt ihr trotzdem mit uns leben?

Angst

Angst ist erst einmal gesund,
schützt uns vor Gefahren.
Dies kann sein ein großer bissiger Hund,
sie kann uns davor bewahren.

Angst doch fast ein Jeder kennt,
nur wen'gen ist sie völlig fremd.
Sie kommt wenn es zu nahe brennt,
zu dicht dran gehen sie dich hemmt.

Angst selbstständig Alarm schlägt,
wenn unerwartet Gefahr kommt daher.
Damit man sich sehr schnell bewegt.
wird Herzschlag und Atmung rasant mehr,

Angst hilft beim Überleben,
sorgt für gutes reagieren.
Kann es etwas besseres geben?
Es ist Instinkt, so wie bei Tieren.

Angst, für die, die daran erkrankt,
völlig unnütz tritt sie auf.
Stets im Kopf sie rankt,
schreit ständig präsent nur, lauf!

Angst-Erkrankter fort von ihr denkt,
versagt sich zu gehen raus.
Macht vieles drin, in Hoffnung abgelenkt,
muss doch gar nicht aus dem Haus.

Angst, da gibt es Welche die dagegen sagen,
alles bloß nicht hier drinnen bleiben.
Können das Alleinsein nicht ertragen,
möglichst sich woanders herumtreiben.

Angst, die krankhaft lähmt sämtliches Tun,
geht nichts hier und macht nichts dort.
Was wird kommen als Nächstes nun,
nur sicher ist mein schöner Hort.

Angst vor Menschen, Bus, Bahn oder Plätze',
sie tritt auf wann und wo sie will.
Kommt flott daher das Gehetzte,
hinfort vom Ort, ganz heimlich und still.

Angst vor dem Geburtstag der heut' liegt an,
geht 's schon wieder nicht gut?
Mancher das nicht mehr ertragen kann,
die wissen und doch kommt Wut.

Angst, so vieles bleibt versagt,
die Depressionen kommen.
Immer wieder man sich fragt,
ist traurig und benommen.

Angst ist so grausam irreal,
der Verstand ist schließlich da.
Könnt man sie damit steuern wär' es ideal.
das Gefühl der Angst ist viel zu nah.

Angst mit vielem konfrontieren und üben,
Fortschritte durchaus möglich sind.
Doch unterliegt ihr Auftreten Schüben,
ist man oft wie ein angstvolles Kind.

Angst und Depressionen hängen fast immer zusammen,
was zuerst da ist das weiß man nicht.
Man möchte beides gern verdammen,
einfach kommen ins Gleichgewicht.

Angst hat sich selbstständig gemacht,
ist furchtbar schwer damit zu leben.
Hat niemand sich ausgesucht und ausgedacht,
wird sich hoffentlich mal legen.

Unüberlegt

Häufig reagieren wir über und unüberlegt,
ist als sei ein Stück vom Verstand abgesägt.
Man sein eigenes Handeln kaum erträgt,
mancher völliges Stillschweigen für sich erwägt.

Kann doch nur besser als Unüberlegtes sein,
Passiert dann so was wieder? Nein!
Muss man zwar meist sein allein,
doch lieber als treten in den Fettnapf hinein.

Wer das wirklich tut, ist lebendig tot,
wird sicher weitaus schlimmer die eigene Not.
Weil man ganz einsam sitzt in diesem Boot,
der völlige Untergang hier droht.

Unüberlegtes kann hierbei kommen wieder,
man macht sich ständig selber nieder.
Hört vielleicht zusätzlich traurige Lieder,
womöglich schließt man endgültig die Augenlider.

So aber soll es auf keinen Fall werden,
ist zu kostbar das Leben hier auf Erden.
Schließlich kann man doch über alles reden,
Unüberlegtes vom Gegenüber trifft irgendwann jeden.

Keiner muss Perfektion hinterher jagen,
kann zudem Unüberlegtes mal sagen.
Einfach beim Andren um Nachsicht fragen,
dann ist es möglich zu lernen, gemeinsam zu tragen.

Ab heute kann man machen,
lernen aus all unüberlegten Sachen.
Nie wieder unnütz Streit entfachen,
sondern lieber im Nachhinein gemeinsam lachen.

Tiere

Tiere begleiten ihren Menschen durch das Leben,
können unglaublich viel dabei geben.
Wenn man heimkommt sind sie da,
ein Lebewesen einfach ganz nah.

Tiere brauchen Wärme und Ansprache,
sind keine tote Sache.
Kommt ihr Mensch so freuen sie sich,
zwitschernd beispielsweise ein Wellensittich.

Außerdem hat man eine Aufgabe dann,
wie groß die ist durch Tierart wählen kann.
Wichtig ist sich zu entscheiden für das richtige Tier,
das bis zum Ende kann bleiben bei dir.

Eine Katze ist selbstständig, kann in der Wohnung bleiben,
oder darf sich draußen herumtreiben.
Leise durch die Zimmer sie schleicht,
wenn sie nicht mag jedoch vor dir entweicht.

Ein großer Käfig für Nager sollte es sein,
wichtig ist, sie sind nicht allein.
Recht leicht und gut zähmen kann man sie,
Streicheleinheiten man darf vergessen nie.

Eine etwas größere Herausforderung ist ein Hund,
muss täglich ausgeführt werden manche Stund'.
Vorteil ist, man muss bei Wind und Wetter raus,
den Körper stärkt, weil man nicht nur sitzt im Haus.

Psychisch Kranken gibt er Halt,
sorgt für tägliches laufen auf Wiesen, im Wald.
Menschen trifft man stets dabei,
holt seinen Halter aus dem ewigen Einerlei.

Selbst stumme Tiere können dem Betrachter Ruhe geben,
durch stilles schauen und Friede erleben.

Psyche

Die Psyche man schwer erklären kann,
Gefühle, Verhalten, Empfindungen Jedermann.
Ist sie ganz gesund,
läuft das Leben meistens rund.

Was wir erlebten oder lernten prägt,
Seele, Charakter, Psyche trägt.
Auch die vererbten Gene,
beeinflussen ziemlich stark jene.

Botenstoffe und Biochemie,
spielen auch eine wichtige Rolle für sie.
Ganz vieles macht die Psyche aus,
finden Ärzte oft sehr spät heraus.

So mannigfaltig wie die Normen sind,
man daher auch Krankheitsbilder find'.
Erziehung, Umgebung und Umgang,
sorgen oft für den Missklang.

War die Kindheit gar ein Graus,
hält die stärkste Psyche das kaum aus.
Wichtig ist aber zu verstehen,
nur die Wenigsten sind als verrückt anzusehen.

Kommen Trauma oder Schicksal auch,
sich über Krankheit nicht wundern brauch'.
Sind ganz viele gemütskrank dann,
aber Verhaltensstörung mit seien kann.

Depressionen, Zwang und Angst sind dabei,
damit kann man unmöglich leben frei.
Man fühlt sich müde und benommen,
die schlimmsten Gedanken kommen.

Unfähig, traurig und sinnlos sich fühlt,
obwohl ständig um Änd'rung bemüht.
Ist man erst soweit mal,
ertrinkt man fast im Tränental.

In sich selbst ist man fest gefangen,
jede Hoffnung ist dahingegangen.
Findet mit Unterstützung vielleicht einen Kreis,
indem bewegen man ungefährlich weiß.

Lügen

Mit das Schlimmste, das sind Lügen,
ich kann und muss es ernsthaft rügen.
Niemand hat belogen werden verdient,
ein Lügner stets nur Nettes mimt.

Merke ich, ich werde belogen,
hab' ich mich schon zurück gezogen.
Was, frage ich mich hat man vom lügen,
es ist doch feige oder sich selbst betrügen.

Immer ehrlich, was ich sage mache und tu,
zum Erzählen ich ausschließlich brauch Worte dazu.
Grüble nicht was sage ich jetzt,
dadurch mich nie unter Druck gesetzt.

Nach einer Lüge folgen noch viele,
mit Verlässlichkeit und Anerkennung spiele.
Es ist eine Missachtung der anderen Person,
lieber schweigen und sagen kein' Ton.

Lügende Menschen leben im Kartenhaus,
eines Tages zieht jemand eine Karte daraus.
Dann bricht es zusammen ganz und gar,
alles verlieren dann, das ist klar.

Lügen macht das Leben schwer,
liebe Menschen verliert der Lügner mehr und mehr.
Auch wenn die Wahrheit wehtun kann,
man ruhiger damit leben kann.

Nachempfinden

Wer einmal nur echte Angst und Panik verspürte,
erinnert sich wie sie die Luft abschnürte.
Merkte Atmung wurde schwer,
der Puls, der raste dabei sehr.

Das Herz in viel zu schnellem Takt,
Atemnot und Schmerz richtig zupackt.
Außerdem kommt dazu schwitzen,
egal ob beim Laufen oder Sitzen.

Der Schweiß war feucht und kalt,
sausendes Geräusch in den Ohren hallt.
Es zittert jede Körperstelle,
auf und ab wie viele kleine Wellen.

Danach floss das Blut aus dem Kopf heraus
weiß wie die Wand, das kam dabei raus.
Oh je nun folgte die Übelkeit,
die Beine trugen nicht mehr weit.

Der Magen sich ganz arg verkrampfte,
war als ob da drin wer stampfte.
Selbst das Sprechen dann nicht ging und geht,
spätestens jetzt ist fast jeder abdreht.

Keinen vernünftigen Satz brachte man zustande,
bei all dem Empfinden man stand am Zusammenbruchrande.
Keine Möglichkeit mitzuteilen was ist los,
bleibt das Weinen als Einziges bloß.

Wenn dann ein netter Mensch kam und beruhigte dich,
ließ dir Zeit und nicht im Stich.
Erst dann die Beschwerden lassen nach,
körperliche Erschöpfung lange hallt danach.

Nachfühlen wie schlimm Angst sein kann,
nur wer dieses erlebte irgendwann.
Angstkranker erlebt es ohne realen Grund.
Wer das nie hatte soll bitte halten seinen Mund.

Mutter

Eigentlich ist es Mutterpflicht,
dass das eigene Kind leidet nicht.
Nahezu alle sind auch so,
über jedes einzelne Baby froh.
Immer ist sie für ihre Lieben da,
schützt sie so gut es geht, immerdar.

Leider gibt es ganz böse Mütter,
die Nachrichten darüber immer wieder erschüttern.
Scheinbar egal ist das eigene Fleisch und Blut,
schreckliche Gemeinheit in ihnen ruht.
Seelisch quält sie ihre Kinder,
körperlich meist nicht minder.

Schließt den Sohn in eine Kammer,
schreit:" Will nicht hören dein Gejammer!"
Sofort aufräumen soll die Tochter jetzt,
muss schweigen weil es sonst was setzt.
Das Mädchen macht nicht was Mutter will,
wird geschlagen hört:" Sei bloß still!"

Wird ein Kind immer unterdrückt,
ist es irgendwann fast verrückt.
Ein solches Seelchen verbindet Liebe,
irgendwann über Schmerz und Hiebe.
Denn Aufmerksamkeit durch freches Verhalten,
ist besser als keine Reaktion der Alten.

Niemals in den Arm genommen,
auch keine Wärme je bekommen.
Zum Ausweinen keine Schulter gab,
Lieblosigkeit von Mama endet erst im Grab.
Ein solches Kind trifft Frau oder Mann,
hängt sich, nicht nachgedacht, ganz fest daran.

Scheinbar wird jetzt alles besser,
sieht nicht des Partners verstecktes Messer.
Eine Frage nur von Zeit,
dann ist es wieder mal so weit.
Hiebe gibt ′s statt Liebe immer,
Je länger das dauert, umso schlimmer.

Sich davon lösen fast gar nicht geht,
bei Mutter gelernt und so gelebt.
Darum ist es ganz besonders wichtig,
schnelles Handeln einzig richtig.
Mit Hilfe gesucht einen Weg gefunden,
doch bleiben bestehen die großen Wunden.

Vater

Der Vater meist zur Arbeit geht,
manches mal sich der Familie extra entzieht.
Was soll ich bei der Alten,
die Gören nie den Mund mal halten.

Er fühlt sich nahezu als Gott,
alle müssen für ihn springen flott.
Die ganze Familie die ist platt,
weil er immer Wünsche und zu meckern hat.

Niemand wagt das Aufbegehren,
keiner kann sich gegen ihn erwehren.
In der Gemeinschaft der Stärkste ist,
den Seinen nur Missachtung beimisst.

Alles muss nach seiner Pfeife tanzen,
unermüdlich sie anranzen.
Er ist der, der bringt das Geld,
demnach gehört ihm die Familienwelt.

Sich auch dementsprechend benimmt,
über Essen, Kleidung und Urlaub bestimmt.
Was Frau und Kinder täglich machen,
ist für ihn nur zum lachen.

Nur er ist wirklich gut,
sich ihm zu stellen entfacht seine Wut.
Worte sind unflätig und gemein,
er will es so, das soll so sein.

Schlägt er etwa auch zu,
bekommt er seine heilige Ruh.
Seine Familie leidet und ist still,
keiner das herausfordern will.

Hat er gar gesoffen,
wird mit der Faust noch besser getroffen.
Striemen, Brüche, blaue Augen,
solch Kerle wirklich gar nichts taugen.

Frau und Kinder müssen raus,
zum Schutz hinein ins Frauenhaus.
Ertönt sein Jammern riesengroß,
das wollt er nicht, passierte bloß.

Er ist doch so ein armer Mann,
sich zukünftig bessern kann.
Hält bis er sie hat wieder,
dann macht er alle wieder nieder.

Wer so hart und böse ist,
ändert sich nicht, das ihr es wisst.
Darum geht weg ganz weit davon,
nicht treffen, reden mit ihm nur einen Ton.

Mädchen

Ein Mädchen das hat schön zu sein,
lieblich, niedlich, eben fein.
Es braucht über Haushalt Wissen,
lässt Fleiß niemals je vermissen.

Widerworte gibt es nicht,
hat immer brav zu sein ganz schlicht.
Darf nicht frei sein wie die Jungen,
sonst ist die Erziehung glatt misslungen.

Niemals macht sie lauten Krach,
denkt über Befehl der Eltern jemals nach.
Auch jammern soll ein Mädchen nie,
wäre unschicklich, man glaubt kaum wie.

Schlagen ist erst recht verpönt,
solches wird danach verhöhnt.
Das Mädchen darf sein anschmiegsam,
nur beim Ersten, Einzigen, den sie nahm.

So war die Meinung bis vor einigen Jahren,
was dabei herauskam mit Schmerz erfahren.
Die Mädel waren unselbstständig,
vom späteren Gatten voll abhängig.

Ansehen gab es dafür wenig,
war es doch so mal gängig.
Welche, die da brachen aus,
das waren Emanzen, welch ein Graus.

Inzwischen hat sich das gewandelt,
Mädchen sich mehr Druck eingehandelt.
Als Frau Familie und Arbeit geregelt kriegen,
müssen schuften, sich verbiegen.

Funktionieren, den Schein wahren,
Überbelastung oft erfahren.
Wird es eines Tages dann zu viel,
entfernen sich immer weiter vom eignen Ziel.

Folgen Rast- und Ruhelosigkeit,
psychische Erkrankung steht quasi bereit.
Angst, Depression oder Zwang,
haben grade hier oft den Anfang.

Ob früher oder heute,
laßt es euch gesagt sein, liebe Leute.
Jede psychische Krankheit ist 'ne Qual,
verändert euer Leben, ihr habt die Wahl.

Jungen

Jungen haben nicht zu weinen,
allzu viele heute noch meinen.

Jungen haben stark zu sein,
sich benehmen wie ein Schwein.

Jungen müssen haben Mut,
alles andre gar nicht gut.

Jungen brauchen keinen Kuchen backen,
haben eher Holz zu hacken.

Jungen müssen stehen wie ein Mann,
egal, wenn einer es nicht kann.

Jungen sollen auch nicht kochen,
sie müssen körperlich malochen.

Jungen dürfen früher Bier trinken,
haben bei Säften oder Wasser abzuwinken.

Jungen, die nicht so ticken,
in eine schwere Zukunft blicken.

Jungen werden so lange gestresst,
bis sie ins Schema rein gepresst.

Jungen nehmen dann großen Schaden,
sind abhängig von der Gesellschaft Gnaden.

Jungen zeigen außen trotzdem die Stärke,
innen Not und Zweifel sind am Werke.

Jungen passiert nun auch das,
die Psyche quält sie ohne Unterlass.

Jungen wollen davon nichts wissen,
greifen zu Alkohol und Drogen, das ist beschissen.

Jungen denken, dass sie es schaffen,
meinen, das sind ihre besten Waffen.

Jungen aber dann irgendwann erkennen,
endlich ihre Seelennot benennen.

Jungen nun endlich begreifen,
im guten Falle reifen.

Ändern ihren Lebensstil,
können erreichen damit unglaublich viel.

Akzeptieren

Nun wird es Zeit zu bereden,
was wichtig ist zu lernen bei psychischen Schäden.
Jeder Kranke sagt nach Anregung lange Zeit,
er komme sicher nie soweit.

Verleugnen, verdrängen schrecklich Falsches ist,
wie hoch die Hemmschwelle man auch immer misst.
Erzeugt Druck, so unsinnig,
zur Linderung ist folgendes wichtig, wahnsinnig.

Lediglich wer krank sein akzeptiert,
nicht mehr permanent unnütz rotiert.
Der Gang dorthin ist wirklich schwer,
doch dieser bringt Sicherheit, langsam mehr.

Zunächst beim Arzt darüber spricht,
der gute dringt bis hinter 's äußere Gesicht.
Wer dort endet sicher scheitert,
damit Weiterbeschäftigter Wissen erweitert.

Macht eine Therapie erkennt was das ist,
immer weniger anderer Meinung Achtung beimisst.
Als erstes erklärt er wie es soweit kam,
sein eigenes Denken unter die Lupe nahm.

Bei Allem gibt es zwei Seiten,
die schlechtere und bessere bei weitem.
Sieht erst ausschließlich die negative,
erkennt aber bald schon die positive.

Doch wissen und anders machen,
sind völlig unterschiedliche Sachen.
Jetzt wichtigen Menschen die Dinge benennen,
bleiben bei denen die nicht weg rennen.

Sie werden die Grenzen akzeptieren,
das Ausmaß der Einschränkungen kapieren.
Folgt auf Anfrage ob 's schlimm ist, nein,
kann man ihrer Loyalität sicher sein.

Sie nehmen dich so wie du bist,
das starke Eis gebrochen ist.
Niemand nervt es, gibt lange Leine,
entscheiden ohne Erklärung und Stress alleine.

Nie mehr sagen weshalb, warum,
waren Ausreden doch oft sehr dumm.
Gab Stress in alles Gassen,
man kann sich dafür selber hassen.

Was auch immer kommt an jedem einzelnen Tag,
egal ob man mal wieder permanent lag.
Man akzeptiert, mal besser mal auch schlecht,
jeder hat zum eigenen Gefühl stehen das Recht!

Unnütz war die vorherige Qual,
man hatte da noch keine Wahl.
Musste sich erklären zum eigenen Wohl,
der Teufel, Erklärungsgefühle doch hohl.

Akzeptieren ist das Zauberwort,
seine eigenen Gefühle an jedem Ort.
Üben kann man den Umgang damit,
danach niemand schlimm wie vorher litt.

Selbsthilfe

Das was es bedeutet sagt dieses Wort,
hilf dir selbst, egal an welchem Ort.
Mach was damit es dir besser geht.

Gibt für viele Krankheiten solche Gruppen,
dort fällt es Manchem wie von den Augen die Schuppen.
Hier gehörst du hin, hier kommst du weiter.

Braucht man gar nicht viel zu sagen,
kann stellen alle möglichen Fragen.
Erlebt so viele Gemeinsamkeiten.

Verschieden sieht bei der Selbsthilfe der Austausch aus,
meist mit dem Krankheitsbedingten persönlichen Graus.
Man versteht dich einfach so.

Tipps gibt es für die Bewältigung,
Anregung für der Gedanken Steuerung.
Jeder entscheidet letztlich für sich selbst.

Mancher Erstbesuch in der Selbsthilfe ist nicht der Beste,
doch sollte dies nicht sein der Letzte.
Geh einige Male hin oder suche neu.

Nahezu alle finden noch die Gruppe die ist richtig,
das ist entscheidend und ganz enorm wichtig.
Denn nur wer sich wohlfühlt kann sich öffnen.

Ganz frei reden und sprechen,
am eigenen Schicksal nicht zerbrechen.
Jede Hilfe für sich in Anspruch nehmen.

Es kommt sogar vor,
dass daraus eine weitere Gruppe geht hervor.
Somit wird noch mehr Betroffenen geholfen.

Selbsthilfe ist kostenlos, formell nicht geleitet,
wird durch Krankenkassen mit Fördergeldern begleitet.
Von selbst betroffenen Menschen gegründet.

Die Gemeinsamkeit der Gruppe die macht stark,
kann helfen viel und arg,
Sie begleitet dich, ist für dich da.

Leid

Leid gibt es in aller menschlichen Schichten,
manchmal ausgesprochen furchtbare Geschichten.
Wo man wohnt auf dieser Welt,
nicht unbedingt ins Gewicht fällt.

Schlimmes Leid durch Krankheiten,
ebenso Armut kann das Schicksal leiten.
Nach Unfällen kommt es häufig daher,
durch Trauma aber oft noch mehr.

Oft müssen Kinder Schlimmstes erleiden,
von Mutter, Vater oder beiden.
Bei Verwandten, alle nach außen freundlich scheinen,
das Kind einschüchtern, drohen, verbieten das Weinen.

Das gemeinste Leid folgt nach Missbrauch,
findet geheim statt, steigt zum Hinweis auf kein Rauch.
Das kleine Menschlein weiß nicht was es machen soll,
ist von Angst und Scham so voll!

Vergewaltigen wiegt gar schwer,
Leben verändert sich schlagartig sehr.
Opfer von gewalttätigen Überfällen,
Antworten nach dem warum sich stellen.

Vernachlässigung und Lieblosigkeit,
verursachen zudem ganz arges Leid.
Wird gar geschlagen immer wieder,
der Angegriffene geht nieder.

Es ist nicht wichtig woher das Leid ist,
Betroffener es wirklich niemals vergisst.
Begleitet ihn ein Leben lang,
wird häufig ängstlich, einsam und bang.

Leid löst manchmal regelrecht Grausames aus,
Betroffener kommt nicht selbst daraus.
Doch Mitleid hat dieser nicht verdient,
hat nett sein nur gemimt.

Darum soll man gesehenes Leid anklagen,
geht nicht schon ein Anderer hin, es sagen.
Dies kann soviel Furchtbares vermeiden,
also immer schnell und sofort dazu entscheiden.

Selbstverletzung

Selbstverletzung gibt es immer wieder,
angemessene Lösung Macher gar nicht kennt,
die Seele ist zu dieser Zeit völlig nieder,
als Ausweg in die Verletzung sich verrennt.

Ist Belastung besonders groß,
dabei tut arg weh das Herz,
legt Selbstverletzer mit scharfem Gegenstand los,
körperlicher - überdeckt des Herzens Schmerz.

An bekleideten Körperstellen manche schneiden,
dort kann es zum Glück sehen keiner,
andere jedoch ihr Verletzen zeigen,
außer Erkrankten versteht das nicht einer!

Die Verletzungen sind häufig oberflächlich,
deuten jedoch auf aller tiefste Not,
gibt dagegen schwere, tiefe und für 's Leben gefährlich,
wirft komplettes Umfeld aus dem Lot.

Verletzte man sich einmal selbst,
spürte bei Belastung vermeintliche Erleichterung,
dieses immer im Kopf behältst,
womöglich Wunde verdreckten zur Verschlimmerung.

Wohlbefinden steigert sich durch Schmerzen und Eiter,
bekommt man vielleicht sogar Mitleid,
damit kommt im Leben kein Mensch weiter,
zum handeln ist es allerhöchste Zeit.

Selbstverletzung wird oft zur Sucht,
Hilfe ist nötig zu unterbrechen diesen Kreislauf,
verdammt sei es und erst recht verflucht,
das nicht tun ist schwerer als klettern einen Berg hinauf.

Doch auch hier sei noch einmal gesagt,
daraus kann man irgendwann heraus,
Hilfe kommt wenn man nur fragt,
eines Tages ist der Spuk dann aus.

Vergangenes

Häufig begleitet werden Angst und Depressionen,
das Aufarbeiten wird sich lohnen.
Sehr stark von längst Vergangenem,
beeinflusst das Leben des heute Denkenden.
Selten ist es einem bewusst,
stellen diesem du auf jeden Fall musst!

In der Kindheit wird man sehr geprägt,
die Konsequenzen lebenslang mit sich trägt.
Missbrauch oder schlagen müssen es nicht sein,
kann kommen falls bei Ungehorsam sperren ein.
Ebenso wenn verboten wird zu reden,
oder eine zu konservative Erziehung erleben.

Nach außen ist im Elternhaus alles gut,
im Innern dagegen herrschen Krach und Wut.
Das geht schließlich keinen etwas an,
Kind sich gar niemandem anvertrauen kann.
Zu viel Strenge ist ebenfalls fatal,
keine eigenen Erfahrungen, bei Eltern zu loyal.

Herrscht absolute Lieblosigkeit,
bringt die Zukunft meistens ganz viel Leid,
Darf ein Kind niemals alleine raus,
weiß es nicht wie das echte Leben sieht aus.
Oder kaum Kontakt zu anderen Kindern,
Eltern das normale Sozialverhalten verhindern.

Grund falschen Verhaltens im Kindesalter oft liegt,
sich möglicherweise dadurch innerlich verbiegt.
Doch eines Tages ist es dann plötzlich soweit,
kann überhaupt nicht mehr reagieren gescheit.
Erst mal keinen Auslöser finden kann,
Vergangenes als ursächlich, damals fing es an.

Man kann das fast nicht glauben,
will man die Kindheitsgedanken mir rauben?
Ist doch Ewigkeiten her,
bestimmt nicht beeinflusst das Leben bis hierher.
Leider aber kann es das doch,
wichtig, das füllen vom negativen Erinnerungsloch.

Altes, Erlebtes wird immer bleiben,
man kann 's jedoch als erledigt abschreiben.
Verstehen können fühlt sich leichter an
ist vorbei, deutlich weniger belastet dann.
Wird manchmal gar vergessen,
hat lange genug an der Verarbeitung gesessen.

Sprachlos

Sprachlos sein ist gar nicht gut,
unterdrückt Austausch von wichtigen Gedanken,
festigt Schuldgefühle und auch Wut.

Wer nicht redet fällt nicht auf,
kann sich meisterlich verstecken,
keine eigenen Wünsche äußert, verzichtet darauf.

Lässt sich unterdrücken wirklich oft,
macht was immer wird verlangt,
auf Veränderung im Innern trotzdem hofft.

Sprachlosigkeit für Unglück steht,
die einfachsten Bedürfnisse werden verschwiegen,
weil sich alles nur um andere dreht.

Durch reden gibt man manches preis,
wie viel bestimmt doch jeder selbst,
Sprachloser nicht um Erleichterung dadurch weiß.

Es ist als verzichte man auf alle Rechte,
in sich selbst gefangen,
halten einen etwa böse Mächte?

Nein, das dann doch ganz sicher nicht,
sprechen wurde einst zu oft verboten,
doch viel Gedachtes muss ans Licht.

Die Angst, Falsches zu sagen,
und vor der folgenden Reaktion,
meist auch Mitschuld dass Stimmbänder versagen.

Zum Glück kann man was dagegen machen,
zunächst mit Vertrauten über Nettes reden,
gibt dann sicherlich auch viel zu lachen.

Langsam, Stück für Stück, gibt es mehr Vertrauen,
damit auch die Kraft Unangenehmes zu erklären,
kann man auf diese Menschen fast immer bauen.

Sprachlos ist man dann nicht mehr,
kann Schlechtes nun auch verarbeiten,
traut sich mehr und ist gefühlt auch endlich wer.

Kann eigenen Willen benennen,
Gefühle zulassen ist ebenso leichter,
lernt viele freundliche Menschen kennen.

Gutachter

Wer ist psychisch krank,
sich für einen Termin beim Gutachter bedankt.
Machen teilweise das Leben besonders schwer,
je nachdem welcher von denen kommt daher.
Wird einfach einer vorgesetzt,
über die Zukunft entscheidet jetzt.

Lange Zeit krank dann ist es soweit,
bekommt zu einem Besuch dort einen Bescheid.
Ob Krankenkasse, Rentenversicherung oder Arbeitgeber,
muss, wer krank genug ist, dorthin wirklich jeder.
Man ist hilflos ausgesetzt,
das fehlt einem noch zu guter Letzt.

Man weiß nicht, wie kommt man dahin,
denn Angst ist in dir nun doppelt drin.
Glücklich ist wer hat einen Begleiter,
zwei Menschen sind nun mal gescheiter.
Außerdem kann die vertraute Person hilfreich sein,
weil man sich fühlt wie überforderte Kinderlein.

Hat man einen Guten erwischt,
die Angst und Panik fast erlischt.
Doch ist es einer der meint er sei Gott,
bringt dich ganz aus der Fassung flott.
Bevor man weiß was da geschieht,
den Arzt nur noch von hinten sieht.

Danach das große Grübeln fängt an,
wie beurteilt mich nun dieser Mann.
Fallen einem wichtige Sachen ein,
konnte es nicht mehr sagen, ach wie fein.
Man wartet mit Angst und voll Frust,
in dieser Zeit zu gar nichts mehr Lust.

Was ist, wenn er schreibt, ich kann es noch,
kann arbeiten gehen doch?
Bekomme ich weiter mein Geld,
oder wird das eingestellt?
Wenn das so kommt was mach ich dann,
wirklich zur Zeit nicht arbeiten kann.

Oder wird er sagen es helfe nur,
falls ich fahre in eine Kur.
Vielleicht behauptet er ich leide an Hypochondrie,
kennt das Krankheitsbild nicht, sah es so einfach nie.
Wochen gehen viele ins Land,
bis das Gutachten endlich entstand.

Dann kommt der große Augenblick,
ein Stoßgebet zum Himmel geschickt.
Die Angst ist grade riesengroß,
bitte lass das Gutachten sein vernünftig bloß.
Hände zittern, Herz flattert und unruhig der Atem geht,
hoffentlich Richtiges im Schreiben steht.

Jetzt geht es ran ans Lesen,
die komplette Angst umsonst gewesen.
Das Leiden wurde richtig erkannt,
der Gutachter die passenden Worte fand.
Genommen ist diese schwere Hürde,
man hat fühlt wieder seine eigene Würde.

Manchmal jedoch kommt ein Schock,
dieser Mensch ist hart wie ein steinerner Block.
Beurteilt alles gar nicht schlimm,
dieses dennoch nicht zu sehr zu Herzen nimm.
Lege Widerspruch ein kämpfe weiter,
sicher erkennt das Rechte ein Gutachter ein Zweiter.

Abhängig von des Gutachters Tätigkeit,
Folgen sind vielschichtig, gefächert sehr weit.
Wie sieht das zukünftige Leben wohl aus?

Besuch

Besuch ist etwas wunderschönes,
kommen Menschen die nicht wollen Böses.
Wenn man selber wen besucht,
hat man es sich ausgesucht.

Unangenehmer Besuch eine Rolle spielt kaum.
Lässt ihn nicht länger als nötig in eig'nen Wohnraum.
Angemeldet hat sich lieber Besuch,
ist gleichzeitig Freude und auch Fluch.

Die Wohnung soll perfekt aufgeräumt sein,
sonst kann man niemand lassen hinein.
Will so Vieles vorher machen,
muss auch einkaufen jede Menge Sachen.

Beginnt schon vorher einige Tage,
fühlt dazu sich nicht in der Lage.
Kommt Besuch, der sich kurzfristig hat angesagt,
„Wie mach ich das?" man sich fragt.

Doch warum bitte tut man sich das an?
Alles in Ordnung der Gast ruhig kommen kann.
Wie kann man nur so dumm sein?
Jedes Mal so ein Zirkus, bitte nein.

Ist hier schließlich nicht alles perfekt,
diese Angst so tief in einem steckt.
So einen Perfektionismus keiner braucht,
stört keine Unordnung die bei anderen auftaucht.

Es ist eben meistens so,
man findet im Heim eine Schmuddelecke irgendwo.
Wie gesagt, uns das nie stören kann,
es interessieren die Bewohner, ob Frau oder Mann.

Daher ist es nicht tragisch nicht alles zu schaffen,
das sollte man endlich einmal raffen.
Wer kommt und in der Wohnung Fehler sucht,
das ist ein Unangenehmer der besucht.

Hat sich einfach daneben benommen,
braucht erst gar nicht wieder zu kommen.
Muss als Gastgeber nicht perfekt sein,
das Wichtigste ist das Zusammensein.

Recht

Du hast das Recht zu leben wie du magst,
du kannst entscheiden was du wagst.
Du hast das Recht zu weinen,
egal, was andere Menschen dazu meinen.

Du hast das Recht Fehler zu machen,
völlig egal bei welchen Sachen.
Du hast das Recht nein zu sagen,
wie sehr Bittende auch klagen.

Du hast das Recht zu schreien und zu toben,
wenn du willst auch bei denen da oben.
Du hast das Recht jederzeit zu gehen,
wie andere Leute das auch immer sehen.

Du hast das Recht Grenzen zu setzen,
Viele dieses sogar schätzen.
Du hast das Recht zu schweigen,
musst nicht alles von dir zeigen.

Du hast das Recht umzudenken,
eigene Erfahrungen in neue Richtung lenken
Du hast das Recht aufzugeben,
besser ist es mit Kampf weiter zu leben.

Du hast das Recht auf Eigenlob,
noch mehr wenn andere sind zu dir sehr grob.
Du hast das Recht auf Liebe,
brauchst niemals hinnehmen Hiebe.

Du hast das Recht offen zu trauern,
oder verstecken deine Gefühle hinter Mauern.
Du hast das Recht zu leben wie es ist dein Wille,
ob im Austausch mit Leuten oder stille.

Du hast das Recht zu sein, so wie du bist!
Das du das bitte niemals vergisst!
Du hast das Recht, deinen eigenen Weg zu gehen!
Lass Besserwisser einfach stehen!

Überfordern

Schnell kann man Angsterkrankte überfordern,
nicht aus Bosheit sondern,
man möchte helfend fördern.

Vor lauter Angst derjenige nicht geht,
vor Angst wie angewurzelt steht,
das, bitte ihr Helfer auch dann seht.

Mit Fördern muss man langsam beginnen,
nicht der Helfende kann das Tempo bestimmen,
sonst folgt Überforderung, noch mehr schwimmen.

Vielfältig sind Ausreden,
um zu reduzieren das Leben,
auf all die Dinge die Sicherheit geben.

Unterfordern ist das dann,
immer weiterer Rückzug zeigt das an,
so ebenfalls niemals gehen kann.

Fordern von noch zu schaffenden Dingen,
positiv ins Gespräch einbringen,
um jeden Minifortschritt ringen.

Erst dauert zwanzig Minuten der Spaziergang,
der soll gefördert regelmäßig und lang,
wird entwickelt ein Ausweitungsdrang.

Sinnvoll damit gefördert hat,
Kranker ist nicht zu arg platt,
vielleicht folgt nun ein Ausflug mit dem Rad.

So kann es vorwärts gehen Schritt für Schritt,
bis die persönliche Grenze eintritt,
der Helfende geht möglichst gelassen diesen Weg mit.

Überfordert ganz schnell man ist,
wenn Helfer immer wieder vergisst,
dem Tempo des Kranken zu wenig Achtung beimisst.

Überfordern kann man sich auch ganz allein,
gemacht werden muss nicht viel um da zu sein,
einfach weil man nicht lernte zu sagen nein.

Sind zu häufig zu streng und perfektionistisch,
nein zu sagen ist nicht egoistisch,
der Schlüssel ist ein gesundes Gemisch.

Eingeschränkt

Sind bei ganz vielen alltäglichen Sachen eingeschränkt,
der Gegenüber häufig Falsches denkt.
Angeblich die Erkrankung als Ausrede nehmen,
uns in Wirklichkeit nach anderem Verhalten sehnen.
Fühlen uns darum so oft unverstanden,
durch Ablehnung Anderer Wünsche im Fettnäpfchen landen.

Sehr eingeschränkt sind Ausdauer und Kondition,
ebenso sehr die Belastungsgrenze und Konzentration.
Dadurch alles Tun deutlich länger dauert,
ist als wenn überall Störung und Unterbrechung lauert.
Dabei stehen wir im Wege uns selbst nur,
das ist Frustration völlig, ganz pur.

Vielfach ist auch eingeschränkt das Schreiben und Lesen,
ist als sei man niemals in der Schule gewesen.
Notieren müssen wir jeden Termin,
sonst verpassen wir garantiert ihn.
Können kaum noch logisch denken,
unmöglich auf Kommando unsere Gedanken zu lenken.

Eingeschränkt ist auch unser soziales Leben,
möchten uns verstecken, als würd es uns nicht geben,
Teilhabe an angebotener Kultur,
bei Wenigen ist diese Möglichkeit nur.
Es kann kommen bei uns gar soweit,
wir sind nicht mit anderen Menschen zu sprechen bereit.

Selbstwert ist so sehr eingeschränkt,
dass man nach kleinster Verletzung nicht mehr einlenkt.
Schließlich wurde im Umfeld uns gelehrt,
sind unnütz und sowieso nichts wert.
Völlig egal ob folgt ehrlich gemeinte Entschuldigung,
sind nicht dazu in der Lage auch das ist Einschränkung.

Lebenslust

Bei psychisch Erkrankten fehlt die Lebenslust,
wird nahezu täglich jedem bewusst,
bringt große Traurigkeit und Frust.

Leben lernen muss man erstmal damit,
auf dem Weg dorthin oft Rückschläge erlitt,
Verstand quasi das Gefühl vertritt.

Fehlende Lebenslust einen gefangen hält,
nicht zu sehen, erleben, empfinden das Schöne der Welt,
egal, ob man arm ist oder hat Geld.

Soviel Positives und Nettes bleibt einem verborgen,
zu groß Angst, Zwang, Depressionen und Sorgen,
die Meisten verdrängen die Gedanken an Morgen.

Ist reichlich schlimm und tut sehr weh,
nichts Ansprechendes irgendwo in der Näh',
sich selbst treten, denkt: „Mach, bewege dich und geh!"

Kräfte zehrend ist das so sehr,
fühlt sich gar an, als würd' es jeden Tag mehr,
wo bekommt man neuen Elan nur her.

Statt Lebenslust, gibt es Trauer,
keine echte Freude, nicht mal von kurzer Dauer,
auf ein Zeichen für den richtigen Weg daraus lauern.

Ohne Lust zu leben,
kann es im Grunde nichts anderes geben,
darum immer weiter nach Besserung streben.

Die Lebenslust wiederfinden die Aufgabe ist,
sonst ist das Dasein so schrecklich trist,
kleinen Dingen am besten mehr Beachtung beimisst.

Aufgeben darf niemals sein dabei,
wie schwer es auch ist, das ist einerlei,
selbst wenn man niemals wird beschwerdefrei.

Findet man wenigstens ab und an,
bei kleinen Ereignissen, etwas Freude dann,
man stolz auf das Erreichte seien kann.

Sammeln

Jeder muss sammeln seine eigenen Erfahrungen,
dabei ist leider oft Falsches eingedrungen.
Das macht das Leben manchmal schwer.

Sammeln fachlicher Informationen ist wichtig,
dann kann man argumentieren richtig.
Hiermit wird man selbstbewusster.

Durch das sammeln der eigenen Fehler lernen,
Dummheiten bearbeiten, aus dem Gedächtnis entfernen.
Kann das zukünftige Leben beeinflussen sehr.

Wissen, das andere Menschen sammelten,
kann, wenn man möchte, ändern das eigene Verhalten.
Offen dafür muss man aber sein.

Erkennen der Probleme einer Krankheit,
gibt zur Veränderung die Möglichkeit.
Nutzen kann dies dann ungeheuer.

Eindrücke sammeln und sortieren,
kann man Situationen oder Menschen interpretieren.
Sehr viel wird dadurch deutlich sichtbar.

Das Sammeln von Gedichten,
sie erzählen regelrechte Geschichten.
Sind ein gutes Mittel sich auszudrücken.

Manche sammelten leider in ihrem Leben viel Grauen,
wichtig ist, nicht ständig zurück zu schauen.
Sonst ist die zu ertragende Last zu schwer.

Manche sammeln hübsche Dinge,
freuen sich, wenn du oder ich Passendes bringe.
Glück kann man so verschenken.

Jeder sammelt, was er muss oder will,
offen und auch heimlich still.
Das Leben ist ein Sammelsurium!

Oberflächlich

Oberflächlich einige Menschen sind,
so wie ein Fähnchen in dem Wind.
Ändern ihre Meinung ohne Unterlass,
merkt jeder der mal bei ihnen saß.

Es interessiert sie nicht, was irgendwo hinter steckt,
Feinheiten haben sie niemals entdeckt.
Sie quasseln ohne zu fragen,
ob Mitmenschen ja oder nein dazu sagen.

Was außen ist, das sehen sie,
alles weitere interessiert sie nie.
Über andere halten sie Gericht,
ob das richtig ist oder auch nicht.

In ihrer Oberflächlichkeit stellen sie Behauptungen auf,
packen auf Gehörtes ständig Erdachtes oben drauf.
Wie schlimm das für den in Rede stehenden ist,
nicht mal einen Gedanken man dem beimisst.

Ihre Zuhörer werden mit allergrößtem Mist beladen,
völlig egal ob sie anderen schaden.
Möchten dabei erwecken den Schein,
als ob sie freundlich und höflich sei'n.

Oft den Oberflächlichen dabei entgeht,
dass dem Gegenüber dies alles zum Halse raus steht.
Der hält sich fern dann immer mehr,
wird daraufhin selbst durch den Dreck gezogen sehr.

Doch das ist völlig egal,
bei so oberflächlichen Menschen normal.
Sie sind dumm, egoistisch, im Grunde allein,
werden in eigener Not ganz ohne Hilfe sein.

Darum kann man einfach nur raten,
Oberflächliche immer gleich verraten.
Sind sie zusammen nur noch mit ihres Gleichen,
werden ganz sicher streiten, auseinander weichen.

Es gibt aber Menschen mit Feinfühligkeit,
voll von ehrlicher Freundlichkeit.
Helfen, wann immer sie können,
Mitmenschen ausschließlich Gutes gönnen.

Das sind die Menschen, die man sich suchen sollte!

Bitte

Die Menschen die mit uns verbunden sind,
bitten wir zu akzeptieren,
wir sind so ängstlich wie ein kleines Kind.

Wir bitten um Respekt,
auch wenn 's euch ab und an richtig schwer fällt,
in uns doch immer noch der Erwachsene steckt.

Bitte seht die Unlogik nach,
können es nicht immer steuern,
das Kranke Innere dann zu uns sprach.

Wenn ihr auch nicht versteht,
denkt das gibt es nicht,
bitten wir, mit uns den schweren Weg weiter geht

Denkt bitte stets daran,
kranke Gefühlswelt treibt uns dazu,
Betroffener nicht einfach abschütteln kann.

Dann haben wir noch diese Bitte,
versucht auch anderen zu erklären,
je mehr dabei sind, desto sicherer in deren Mitte.

Bitte vergesst auch nie,
wir machen soviel wir können um da raus zu kommen,
ganz egal wie.

Jedes bisschen das ihr abnehmt uns,
hilft bei dem Umgang mit der Krankheit,
zeigt sich in kleinen Fortschritten unseres Tuns.

Seht uns nach, falls wir sind ungerecht,
uns geht es nicht gut, lassen euch darunter leiden,
es passiert stets ungewollt und ist einfach schlecht.

Die größte Bitte ist aber die,
verlasst und vergesst uns nicht,
damit kommen wir zurecht wirklich nie.

Akut

Besonders furchtbar sind akute Phasen,
alle Empfindungen, Gedanken durcheinander rasen,
Man ist in sich selbst gefangen.

Wenn es sich so akut gerade zeigt,
muss schnelle Hilfe steh'n bereit.
Man kommt alleine nicht zurecht.

Einen akuten Weinkrampf vielleicht hat,
kann nicht unterbrochen werden, macht ganz platt,
Schön, wenn jemand einen hält.

Akute Angst und große Panik,
man denkt der Tod sitzt im Genick,
da hilft Beruhigendes hören.

Durch akuten Zwang nicht anders kann,
immer das Gleiche, bis zur totalen Erschöpfung dann,
verständnisvoller Vertrauter kann es durchbrechen.

Ganz akute Depressionen können gar gefährlich sein,
der Kranke sollte jetzt möglichst nicht sein allein,
rund um die Uhr Betreuung braucht.

Selbst akut sein kann dazugehörende Wut,
Erkrankter nicht mit Absicht Böses tut,
ist da Gefahr zu erkennen, bitte den Notruf wählen.

Diese Zeiten sind furchtbar für die Beteiligten, alle,
es ist, als säße man in einer Falle,
doch gehen sie irgendwann vorbei.

Akute Schübe können auftreten immer mal,
stets ist dies eine entsetzliche Qual,
wer fleißig übt kommt von Mal zu Mal schneller daraus.

Akut heißt hier und jetzt und auch sofort,
es wird benötigt ein sicherer Ort,
am wichtigsten ist ein lieber, treuer Mensch!

Gründe

Tausende Gründe Angst auslösen,
tatsächlich, vermeintlich, groß oder klein.
Immer kommen sie durch eigene Gedanken, die bösen,
doch Betroffener sieht das nicht immer ein.

Die Wirkung stets die gleiche bleibt,
sie ist ganz einfach stetig da.
Das Gefühl, dass sie einen bald in den Wahnsinn treibt,
das ist aber gar nicht nah.

Viele Gründe lösen auch Depressionen aus,
ob es in der Kindheit oder später begann.
Die Not damit läuft wieder auf das Gleiche hinaus,
doch man immer etwas dagegen machen kann.

Stärke dieser schwanken oft,
leidet der mit den kleineren Sorgen sogar mehr?
Ein jeder einfach auf nachhaltige Besserung hofft,
völlig uninteressant ist der Grund daher.

Zwänge entstehen ebenfalls aus vielerlei Gründen,
man ohne Unterlass das Selbe tut.
Häufig in Hoffnungslosigkeit münden,
dadurch entwickelt, man hat real auf sich selber Wut.

Ein stark vertretener Grund für psychische Krankheiten,
ist ein Trauma, das man erlebte.
Darüber muss man nun wirklich nicht streiten,
dabei doch das Leben in den Grundfesten erbebte.

Jedoch in einer guten Therapie man lernen kann,
was, wie und warum die Erkrankung musste kommen.
Nach längerer Zeit kommt ein besseres Dasein dann,
Altlast und Aktuelles wurden unter die Lupe genommen.

Alles auf der Welt hat seinen Sinn,
ist häufig schwer zu finden diesen.
Im Grunde niemand weiß wo das führt mal hin,
darum auch Geduld lautet die Devise.

Neugier

Im Wort Neugier steckt schon dessen Bedeutung,
eben die Gier auf Neues und Erklärung.
Warum ist das bloß so?

Gibt es gar ein Neugier-Gen?
So geneigte Menschen müssen haben immer wieder wen.
Sind sie allein verloren?

Neugierige können ohne Tratsch nicht leben,
verstehen andere nicht, es muss doch Wichtigeres geben.
Reicht ihnen nicht die eigene Familie?

Neues jeglicher Art, saugen sie auf wie ein Schwamm,
sind für alles bereit, besitzen keine Scham.
Stimmt wohl das Beste was sie von sich selber reden?

Wissen ständig wer, was, wem oder wie,
kann man als nicht Neugieriger verstehen nie.
Was hat man denn bloß davon?

Keinen Vorteil dabei haben,
wieso denn in anderer Leute Leben graben.
Kann das wer erklären?

Werden wahnsinnig wenn sie nichts Neues hören,
eigene Kontakte durch ihre Neugier zerstören.
Ob sie eine echte Freundschaft haben können?

Womöglich sind sie einsam,
ohne zu wissen woher das kam.
Kann ihnen überhaupt wer vertrauen?

Es könnte gut sein, dass hinter Neugier die so tief steckt,
man ein armes, unglückliches Menschlein entdeckt.
Sehen sie das eigene Leben langweilig und trist?

Dadurch wird die Gier nach Neuem nicht erfüllt,
ein Bedürfnis mit anderer Menschen Angelegenheit stillt.
Tragen eine Neugierigenmaske um ihr Unglück zu verdecken?

Betrachtet man von dieser Seite die Neugier,
könnte man denken Mitleid gehörte hierher.
Doch wer glaubt das würde Änderung bringen?

Intuitiv

Gewöhnlich handeln Menschen intuitiv,
alltäglich Dinge überlegen sie nicht, definitiv.
Wer mit Angst und Depressionen lebt tut 's fast immer.
Alles ist schwer, intuitiv reagieren geht nimmer.

Man ist nicht in der Lage aufzustehen,
das alleine ist schon als Kraftakt zu sehen.
Intuitiv auf Gegebenheiten reagieren,
wird in den meisten Fällen nicht passieren.

Ist unmöglich, nicht zu hinterfragen,
einfach nur handeln oder sagen.
Dabei kann Intuition auch eine Hilfe sein,
zu schätzen einen Menschen ein.

Sehr häufig liegt man damit richtig,
ist für Entscheidungen häufig wichtig.
Hat man das nicht, so ist das Leben schwer,
man vermutet Schlechtes immer mehr.

Dadurch lernt man kaum wen kennen,
andere Menschen einen als stur benennen.
Folgt nun das was ist zu erwarten,
kaum mehr wird Kranker kennenlernen starten.

Der Rückzug folgt aus dem sozialen Leben,
man fühlt sich sicherer dadurch eben.
Wie vieles ging die Intuition verloren,
obwohl man damit wird geboren.

Man möchte gerne das es wieder geht,
doch das eigene Denken im Wege steht.
So fest halten einen Angst und Depressionen gefangen.
erst nach vorherigem Durchleuchten an 's Ziel gelangen.

Fazit

So viele Facetten der Erkrankungen nun geschrieben,
zuerst langsam, dann doch recht schnelle,
ist dennoch manches ungesagt geblieben,
ende erstmal hier an dieser Stelle.

Durch das Sammeln und Zusammentragen,
habe ich wiederholt gemerkt,
wie viel sind noch die offenen Fragen,
vorher gar nicht entdeckt.

Das Schreiben nahm weg ein wenig der Last,
Druck dadurch abgebaut,
hat gestärkt und dazu veranlasst,
nach mehr Hilfsmöglichkeiten geschaut.

Was daraus wird das weiß ich nicht,
ein Rätsel auch wie wird 's geschehen,
doch das Bemühen ist die klare Sicht,
sie werden ein neues Buch dieser Art mal sehen.

Am schönsten jedoch wäre zu ernten,
ein wenig Klärung geschaffen haben,
sie ob dieses Werkes ein wenig lernten,
an ein bisschen Hilfestellung sich laben.

Fühlen sie, sie sind nicht allein,
wissen was Sie selber können tun,
sind weder dumm noch irgendwie klein,
vielleicht gefunden den ersten Schritt für sich ab nun.

Ein Kampf ist für Betroffene ein jeder Tag,
Gemeinsamkeit die macht dabei wahrlich stark.
Die Gruppe diesen Leitspruch besonders mag,
trifft die Wahrheit bis ins Mark.

Danken

Guten Menschen soll man danken,
vor allem denjenigen, die helfen Kranken.
Man muss nicht fallen auf die Knie,
für nichts und niemanden, wirklich nie.
Hier jetzt danken ist eine schöne Pflicht,
denn das Schreiben half Gedicht für Gedicht.

Still danke denen ausdrücklich,
die dieses Buch kauften, lasen, ganz unendlich.
Mein Selbstbild bekommt ein andres Gewicht,
fühlen nur unnütz ist es zur Zeit nämlich nicht.
Was Schönes geschaffen, das Empfinden,
hat sich gelohnt, das Ängste überwinden.

Dank an Freundin, als auch Therapeutin,
brachten wieder zum Schreiben mich hin.
Der geduldige liebe Mann,
glaubte fest an Verwirklichung wenn ich zweifelte daran.
Jemals dieses Werk fertig zu stellen,
begleitet unermüdlich meine „Schreiber-Wellen".

Das gab die Kraft nur nicht zu verzagen,
vor Angst des wiederholten Versagen'.
Es trugen Familie und Freunde dazu bei,
waren sehr wichtig, halfen dabei!
Dank auch an diejenigen, die einzelne Gedichte hörten,
mich diese zu veröffentlichen beschwörten.

Danken zudem ausdrücklich dem Verlag,
Möglichkeiten gab für den ganz großen Tag.
Ein eigenes Buch in der Hand halten,
in der Zukunft für uns verwalten.
Dieses Dankgefühl möchten wir nie mehr missen,
zunächst ist 's gut; doch ob es hält kann keiner wissen.

Ein weiteres Buch in Arbeit ist,
den Themen weiterhin Beachtung beimisst.
Vermutlich werden neue Erfahrungen nie enden,
also niemals den Blick davon abwenden.
Schließlich geht es im Leben immer weiter,
mal traurig, schaurig doch auch schön und heiter.

Nachwort

Allen, die dieses Buch lasen wünsche ich von Herzen das Beste.

Kraft, Wärme, Geduld, Fortschritt und Lebensmut.

Mögen ihre Träume, Wünsche, einfach alles Schöne in Erfüllung gehen.

Schwere Zeiten sollen schnell vorüber ziehen.

Verständnis, Akzeptanz und gute Zuhörer als Wegbegleiter.

Bei Bedarf eine erfolgreiche Therapie, mit Verarbeitung der Vergangenheit, neue Sicht- und Verhaltensweisen.

Mögen Sie Ihren ganz persönlichen Weg bald finden und gehen. Auf das sie die Zukunft positiver erleben können.

Herzlichst

Andrea Laarmann

tredition

www.tredition.de

Über tredition

Der tredition Verlag wurde 2006 in Hamburg gegründet. Seitdem hat tredition Hunderte von Büchern veröffentlicht. Autoren können in wenigen leichten Schritten print-Books, e-Books und audio-Books publizieren. Der Verlag hat das Ziel, die beste und fairste Veröffentlichungsmöglichkeit für Autoren zu bieten.

tredition wurde mit der Erkenntnis gegründet, dass nur etwa jedes 200. bei Verlagen eingereichte Manuskript veröffentlicht wird. Dabei hat jedes Buch seinen Markt, also seine Leser. tredition sorgt dafür, dass für jedes Buch die Leserschaft auch erreicht wird

Autoren können das einzigartige Literatur-Netzwerk von tredition nutzen. Hier bieten zahlreiche Literatur-Partner (das sind Lektoren, Übersetzer, Hörbuchsprecher und Illustratoren) ihre Dienstleistung an, um Manuskripte zu verbessern oder die Vielfalt zu erhöhen. Autoren vereinbaren unabhängig von tredition mit Literatur-Partnern die Konditionen ihrer Zusammenarbeit und können gemeinsam am Erfolg des Buches partizipieren.

Das gesamte Verlagsprogramm von tredition ist bei allen stationären Buchhandlungen und Online-Buchhändlern wie z. B. Amazon erhältlich. e-Books stehen bei den führenden Online-Portalen (z. B. iBook-Store von Apple) zum Verkauf.

Seit 2009 bietet tredition sein Verlagskonzept auch als sogenanntes "White-Label" an. Das bedeutet, dass andere Personen oder Institutionen risikofrei und unkompliziert selbst zum

Herausgeber von Büchern und Buchreihen unter eigener Marke werden können.

Mittlerweile zählen zahlreiche renommierte Unternehmen, Zeitschriften-, Zeitungs- und Buchverlage, Universitäten, Forschungseinrichtungen, Unternehmensberatungen zu den Kunden von tredition. Unter www.tredition-corporate.de bietet tredition vielfältige weitere Verlagsleistungen speziell für Geschäftskunden an.

tredition wurde mit mehreren Innovationspreisen ausgezeichnet, u. a. Webfuture Award und Innovationspreis der Buch-Digitale.

tredition ist Mitglied im Börsenverein des Deutschen Buchhandels.